KB260486

스튜어디스 합격 답변노트

2013년 5월 2일 초판 1쇄 발행

지은이 송수경 · 이기택
펴낸이 이미자
펴낸곳 밝은누리
주　소 서울시 금천구 가산동 550-1롯데IT캐슬 2동 1105호
전　화 02)884-8459
팩　스 02)884-8462
등　록 제317-2007-000031호(1994. 10. 28)

ISBN 978-89-8100-129-2　03320

항공사 승무원 면접 대비 최종 정리

스튜어디스

합격

답변노트

송수경·이기택 지음

밝은누리

나이 제한 없음, 전문대학교 졸업 이상, 전공 무관, 토익 550점·신장 162센티미터 이상.

생각보다 문턱이 꽤 낮은, 국내 대기업 승무원 입사 자격 기준이다. 저 기준만 넘어가면 나도 대기업 직원 대우를 받으며 폼 나는 유니폼을 입고 세계 곳곳을 여행할 수 있다! 젊은 여성이라면 한 번쯤은 그려 봤을 청사진이라고 한다면 지나친 일반화일까. 하지만 결코 근거 없는 말은 아닌 것이, 매 승무원 채용 공지 때마다 서류를 꾸미는 몇 만 명의 지원자는 내가 동원(!)한 인력이 아니다. 물론 여기서 짚고 넘어가야 할 부분이라면, 위 기준은 말 그대로 '지원 가능한' 자격 이상도 이하도 아니라는 것. '합격' 기준과 혼동하는 우를 범해서는 안 되겠다.

상기 사항을 '필요조건'이라 할 때, 승무원이란 '직업인'에게는 외모와 목소리, 서비스마인드, 체력, 의사소통 능력, 팀워크 등이 보다 강하게 요구된다. 월등한 조건 하나로 부족한 나머지를 채워 넣겠다는 귀여운(?) 생각을 잠깐이라도 한 적이 있다면, 빨리 현실로 돌아오도록. 저 각각의 요소를 두루 갖춘 완전체가 바로 승무원이란 존재이기 때문이다. 서류전형보다 면접 비중이 큰 것은 다 그런 까닭이다.

허나 달콤한 꿈은 길게 꾸고 싶은 게 사람 마음인지라, 커트라인에 불과한 자격 기준만 보고 '나도 승무원이 될 수 있겠다'고 착각하는 사람들이 여전히 많다. 그들이 조금이라도 빨리 현실을 깨닫고 목적지에 닿았으면 하는 마음과 다분히 실용적인 관점에서 감히 말하건대, 이 책을 집어 든 당신, 오늘 당장 자신이 정말 승무원에 적합한 사람인지, 혹 지금은 아닐지라도 노력하면 가능하게 될지 냉정하게 판단해 보기를 권한다. 꿈꾸는 건 청춘(내지는 인간)의 특권이라지만 직업 세계만큼 '청춘 판타지'(!)와 거리가 먼 것도 없기 때문이다.

아래에 정리한 것은 국내 대형 항공사의 지원 자격이 아닌 합격 기준이 되겠다. 각 항목을 체크하면서 부족한 부분을 채워 갔으면 한다.

외모, 목소리, 자세

얼굴은 좌우 대칭 균형을 이룬다.

치열이 가지런하고, 웃을 때 잇몸이 보이지 않는다.

미소 지을 때 어색하지 않으며, 웃을 때 눈도 자연스럽게 같이 웃는다.

자연스럽고 밝은 표정이나 미소 띤 얼굴을 20분 정도 꾸준히 유지할 수 있다.

피부에 화장으로 가릴 수 없는 여드름이나 잡티가 없다.

얼굴, 손, 팔, 다리에 육안으로 보이는 흉터, 문신이 없다.

키는 165센티미터 이상에 그에 맞는 적정한 몸무게를 유지하고 있다.

다리는 20분 동안 무릎을 붙이고 바르게 서 있을 수 있다.

자세가 구부정하거나 비대칭이 아니다.

목소리가 밝고 경쾌하며, 발음이 정확하다.

나이는 27세 미만이다.

서비스마인드, 의사소통 능력, 팀워크, 시간 관리 능력, 영어 실력, 체력

약속 시간을 잘 지키고, 지각을 하지 않는다.

토익 750점 이상이며, 말하고자 하는 바를 영어로 무리 없이 표현할 수 있다.

영어 실력 향상을 위해 끊임없이 노력한다.

꾸준히 운동을 하며, 몸 컨디션 관리를 잘한다.

졸음을 잘 참을 수 있으며, 졸린 상황에서도 정신력을 집중해 일할 수 있다.

처음 만난 사람에게도 먼저 다가가 편하게 대화할 수 있다.

혼자 일하는 것보다 팀에서 여러 동료들과 함께 일하는 것이 더 즐겁다.

팀 내에서 나이와 상관없이 선후배 관계를 존중하며 일할 수 있다.

새로운 업무와 환경에 빠르게 적응한다.

서비스 아르바이트나 서비스 경험을 통한 나만의 서비스 철학이 있다.

안 좋은 감정을 얼굴에 그대로 드러내지 않는다.

예상치 못한 상황에서도 당황하지 않고 차분히 대응하고 처리한다.

상대방이 막무가내로 화를 내도 먼저 상대방의 이야기를 차분히 듣고 난 다음

내 의견을 말한다.

자신이 맡은 업무에 책임을 다한다.

시키지 않은 일도 자발적으로 찾아서 할 수 있다.

세계의 다양한 문화를 존중하고 수용할 수 있는 마음가짐을 갖고 있다.

승무원 면접 준비

해당 항공사 홈페이지를 수시로 확인한다.

항공사 및 최신 경제 뉴스를 파악한다.

면접 후기나 합격자 후기를 수시로 읽으면서 내게 실질적으로 도움이 되는 부분을 정리한다.

기출문제를 정리해 나만의 답변을 준비한다.

동영상 촬영이나 목소리 녹음 등을 통해 자신의 단점을 객관적으로 파악하고 개선에 힘쓴다.

자신의 평소 행동과 자세가 승무원 자질에 적합한지 늘 점검한다.

오늘 채용 공고가 나와도 두려움 없이 바로 응시할 수 있도록 평소 꾸준히 면접에 대비한다.

전직이나 현직 승무원을 직접 만나 승무원 직무의 장단점과 현실에 관해 솔직한 얘기를 듣는다(승무원 양성 학원 강사나 과외를 하는 전·현직 승무원은 제외).

지원자 중에는 노력 여부와는 상관없이 불변인 조건(키, 나이 등)을 안고 있음에도 승무원이 되려는 꿈을 포기 못하는 사람도 정말 많다. 그 꿈이 진실로 간절하고, 죽을 힘을 다해 노력할 각오가 돼 있다면, 그 핸디캡을 커버할 만한 무기를 만들라고 말하고 싶다. 성능 좋은 무기를 갖추었다면 승무원은 불가능한 꿈이 아니다! 키와 나이가 기준 미달이었으나 특출한 능력으로 합격한 지원자도 분명 존재한다. 단 명심해야 할 것은 천 명 중 한 명 정도의 확률이라는 것! 그 천 명 중 한 명이 될 수 있을지 여부는 본인의 판단에 달렸다.

CONTENTS

핵심노트 1

면접 대기실_{에서}

승무원 면접 시즌이 되면 유명 메이크업숍 전화통에는 불이 난다. 지원자들 예약 전화 때문이다. 전문가의 손을 거쳐 좀 더 나은 모습으로 면접에 임하려는 그들의 바람은 십분 이해하지만, 단 몇 분 안에 각각의 얼굴에서 장단점을 찾아내 그만의 개성을 살린 메이크업을 하는 일은 전문가에게도 결코 쉽지 않다. 열에 아홉은 '면접 대목 맞춤형' 스타일이 되고 만다. 사정이 이러하니 큰돈 써 가며 괜한 모험을 하기보다는 지원자들 스스로 '내 얼굴은 내가 책임진다!' 는 생각으로, 자신의 장단점을 냉정히 파악해 자신에게 맞는 화장법을 평소 익혀 두고, 이를 면접일에 '활용' 하는 편이 비용 대비 효과 면에서 추천할 만하다 하겠다.

면접 복장은 대한항공 1차, 아시아나항공 1,2차의 경우 상의는 반소매 흰 블라우스, 하의는 무릎길이 검은색 H라인 스커트이다. 대한항공은 2차 면접에서 자사 유니폼을 입는다.

면접에 입을 옷은 온라인 구매보다 매장에서 직접 구입하도록 하자. 입어 보고 내 체형을 보완하는지, 체형의 장점을 부각시키는지 점검하는 단계가 필요하기 때문이다.

용모와 복장 확인

01 내게 어울리는 메이크업과 헤어는?

1) 메이크업

- **피부** : 피부 표현은 본인 피부톤에 맞추되 지나치게 두껍거나 번들거리지 않게 한다. 잡티나 흉터는 컨실러로 가린다.

- **눈** : 아이라이너와 마스카라를 이용해 크고 선명하게 연출한다. 아이라인 꼬리는 길게 빼지 않으며, 언더라인은 그리지 않는다.
  아이섀도는 핑크 계열이 무난하며, 면접관이 색상을 구분할 수 없을 정도로 옅게 바르는 것이 좋다. 눈썹은 자연스럽게 그리되, 눈썹 끝을 약간 내려 주어 부드러운 인상을 연출한다.

- **입술** : 원색이 아닌 중간톤(핑크, 선홍색, 오렌지 계열) 립스틱을 바른 다음 립글로스를 살짝 덧발라 윤기를 더한다.

- **볼** : 화사한 핑크나 오렌지 계열 블러셔를 광대뼈 부위에 둥글게 돌려 바른다.

- **손톱** : 길이는 3mm 이내여야 하며 끝은 둥글게 다듬고, 매니큐어는 핑크나 오렌지 계열의 튀지 않는 색을 바른다.

2) 헤어

지나치게 밝은 색 염색은 피한다.
머리핀은 검정색이나 진한 갈색만 사용 가능하며, 귀 뒤쪽으로 꽂아야 한다.

- **올림머리** : 머리를 묶은 후 망을 씌워 정리한다.
  퍼머머리는 드라이어로 머리카락을 편 다음 올림머리를 해야 부스스하지 않은 단정한 모습이 연출된다.
  올림머리를 할 때는 가르마의 유무, 볼륨의 위치에 따라 지원자의 이미지가 달라진다. 눈매가 날카롭거나 이목구비가 뚜렷한 사람은 가르마 없이 머리카락을 넘기면 온화하고 부드러워 보인다. 이목구비가 뚜렷하지 않은 사람은 가르마를 자연스럽게 탄 다음 머리카락을 넘겨야 인상이 더 또렷해진다. 볼륨(일명 뽕)은 앞머리와 옆머리 뿌리 부분을 드라이 또는 세팅하여 부풀게 만드는 것으로, 광대뼈가 도드라진 얼굴이라면 머리 옆쪽에, 키가 작다면 정수리 부분에, 뒤통수가 납작하다면 뒷부분에 넣어 준다.
  잔머리 정리를 위해 스프레이를 사용할 때는 머리에 직접 분사하지 않는다. 머리카락이 딱딱하게 굳어 보기에 좋지 않고 두피 건강에도 해롭다. 스프레이를 분사한 빗으로 빗질 하는 게 요령이다.
  헤어라인이 지저분한 경우에는 메이크업용 펜슬과 어두운 색 아이섀도를 이용해 깔끔하게 정리한다.

- **단발형** : 어깨에 닿지 않는 길이에 앞머리는 눈을 가리지 않게 한다. 귀 뒤로 머리를 넘겨 귀가 보여야 한다. 인사할 때 흘러내린 머리카락을 손으로 정돈하는 행위는 감점 요인이다.

02 내게 어울리는 복장은?

1) 블라우스

블라우스 소재, 얼굴형, 체형에 따라 선택해야 할 블라우스가 다르다.

■ 소재

① 실크 : 희고 깨끗한 피부의 지원자에게 적합하다. 피부색이 어둡거나 잡티가 있는 얼굴이라면 단점이 부각될 수 있으므로 피하는 것이 좋다. 마른 체형, 통통한 체형 모두에게 추천할 만하다. 크림색 실크는 부드러운 느낌은 있지만 색 자체의 반짝임 때문에 깔끔함이 덜하다. 흰색이 좀 더 고급스러운 분위기를 연출할 수 있다.

② 면 : 실크와 비교할 때 피부색이나 피부 상태에 덜 제약받는 소재이다. 상체가 통통하다면 덩치가 있어 보이므로 피하는 것이 좋다.

■ 얼굴형

① 둥글고 넓적한 얼굴 : 얼굴이 갸름해 보이는 브이넥 선택
② 둥글고 긴 얼굴 : 목 바로 아래까지 여밀 수 있는 칼라 끝이 뾰족한 디자인
③ 갸름하고 긴 얼굴 : 목 아래까지 여밀 수 있는 칼라 끝이 둥근 디자인

■ 목 길이

① 목이 짧은 체형 : 브이넥을 입으면 목이 길어 보이는 효과가 있다.

② 목이 긴 체형 : 둥근 깃 칼라가 무난하다.

③ 목이 지나치게 긴 체형 : 스탠딩 칼라가 좋다.

■ 어깨

① 어깨가 치솟은 체형 : 브이넥을 입어 목을 드러내면 시선이 분산돼 좋다.

② 어깨가 넓은 체형 : 어깨 부분이 살짝 모아지는 튤립 소매나 이중 소매를 입으면 어깨가 좁아 보이는 효과가 있다.

■ 팔뚝

 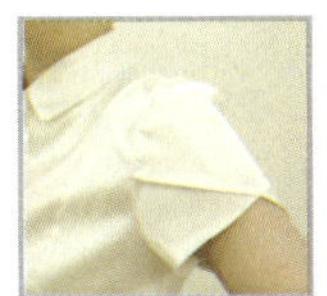

① 통통한 팔 : 팔 부분이 조금 길거나 팔뚝을 감싸는 튤립 모양 소매가 좋다

■ 가슴

① 가슴이 큰 체형 : 가슴 부위에 프릴 장식이 있는 블라우스로 시선을 분산시키면 좋다.

② 가슴이 작은 체형 : 앞에 리본이 달린 블라우스를 입으면 풍만해 보이는 효과가 있다.

2) 스커트

무릎이 보일 정도의 길이가 알맞으며, H라인 정장 스타일의 무늬 없는 검정색을 입는다. 너무 꼭 죄거나 헐렁하면 보기 안 좋으므로 체형에 맞게 수선하는 것이 좋다.

① 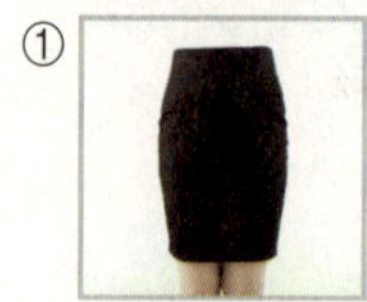 ② 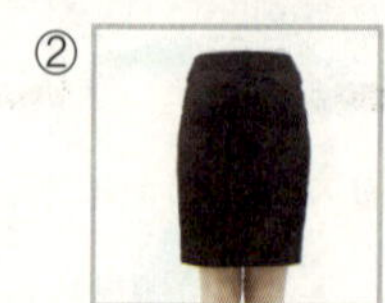

① 허리가 길고 다리가 짧으며 엉덩이와 허벅지에 살이 많은 체형 : 스판 소재를 선택하고 허리 부분이 넓게 디자인된 것이 좋다.
② 허리가 짧고 다리가 길며 엉덩이와 허벅지에 살이 없는 체형 : 폴리에스테르 소재의 허리 부분이 좁게 디자인된 것으로 한다.

3) 구두

앞뒤가 막힌 검정색 정장용을 신는다. 발등 쪽이 깊게 패여 발가락 라인이 보이는 구두는 피한다. 구두 형태는 면접 복장 평가에 크게 영향을 주지 않으므로 신었을 때 편한 자신이 선호하는 것이면 된다. 굽 높이는 신장 170cm 이상이면 3~5cm, 그 이하 신장은 7~8cm가 적당하다. 신장이 작다는 이유로 10cm 이상 높이를 선택하면 걸음걸이가 어색하고 불안해져 좋지 않다. 소재는 다소간 광이 있는 것이 좋으나 피부 상태가 고르지 못하다면 무광인 것을 신는 게 낫다.

①  ② 

① 구두코가 둥근 것 : 키가 크고, 마른 체형에 적합하다.
② 구두코가 뾰족한 것 : 키가 작고, 통통한 체형에 적합하다.

4) 액세서리 및 시계

반지나 목걸이는 착용하지 말고 시계와 귓볼에 딱 붙는 작은 귀걸이 정도만 착용
한다. 시계는 검은 가죽 줄로 된 작은 사이즈 시계가 적당하며, 고가이거나 팔찌
형, 스포츠 시계는 피한다.

면접복장 사진, 자료 협조는 해피플라이 www.happyfly.co.kr

Ⅱ

국내 대형 항공사는 지원서, 자기소개서를 온라인으로 접수받는다. 지원서와 자기소개서는 서류전형 합격의 당락을 결정지을 뿐만 아니라, 면접 시 지원자에 대한 질문으로 활용되므로 신중을 기해 공들여 작성해야 한다.

지원서와 자기소개서를 온라인으로 제출한 뒤에는 수정이나 열람이 불가능하다. 심사숙고해 작성했음에도 불구하고 자신이 무슨 내용을 기재했는지 간혹 헷갈릴 때가 있다. 그러므로 지원서를 작성할 때는 해당 내용을 별도로 저장하고, 이 책의 '내 지원서', '내 자기소개서' 난에 기재해 두도록 한다.

지원서와 자기소개서 확인

지원서와 자기소개서 작성하기

1) 지원서 작성 방법

각 문항에 해당되는 사항들을 정확히 기재하고, 기억해야 할 것들은 따로 적는다. 포상 및 동아리/봉사활동, 자격증, 해외 경험, 경력 사항 등 면접 시 질문거리가 될 수 있는 항목은 따로 적어 두어 정확하게 답변할 수 있도록 한다. 특히 아르바이트 등의 경력 사항은 사람을 직접 대면하는 서비스 관련 업무를 기재하는 것이 좋으며, 6개월 이상 일한 경력만을 추려 넣는다. 일한 기간이 너무 짧으면 참을성 없는 인상을 줄 수 있기 때문이다. 단, 한시적 아르바이트(엑스포 등의 문화 행사 도우미 등)는 제외.

2) 자기소개서 작성 방법

작성에 앞서 본인의 캐릭터를 확립하는 것이 중요하다. 그 캐릭터 이미지를 기반으로 키워드를 만들어 나만의 이야기를 작성하도록 한다.

- **작성 순서**

  키워드 선택 → 구체적 사례 적기 → 순서 배열 → 중복되는 내용 빼기 → 마무리

- **승무원 관련 키워드**

  친절함, 사교성, 친화력, 서비스마인드, 융통성, 성실성, 책임감, 신뢰, 국제 경험, 팀워크, 리더십, 협동심, 지속 성장, 밝은 미소, 경청하는 자세, 어학 실력, 배려, 겸손, 글로벌마인드, 기억력, 체력, 설득력, 상황 대처 능력, 외향성, 긍정적 사고, 최고의 서비스 제공에 대한 의지 등

- **경험에 근거한 나만의 이야기**

  경험을 바탕으로 이야기를 풀어 나가도록 한다. 다른 사람과는 다른 나만의 특별한 경험이 있다면 그 이야기를 중심으로 작성한다.

많은 이야기를 담기보다는 승무원 자질과 관련된 키워드가 들어갈 수 있
는 사례 한두 가지를 선택한다. 특히 사람들과 어울려 나누고 베풀었던 경
험, 힘들었지만 팀워크를 발휘해 잘 헤쳐 나가 좋은 결과를 얻어낸 경험
등을 구체적으로 알기 쉽게 쓰는 것이 좋다.

■ 구체적이고 흥미로운 도입부 만들기

보편적 일화나 지극히 개인적인 이야기로 글을 시작하면 글 전체 이미지
가 추상적이고 설득력이 약해질 수 있다. 구체적인 이야기로 글의 흥미
를 끌도록 한다. 자기소개서는 면접관이 객관적으로 판단할 수 있게 나
자신을 알리는 도구다. 그러므로 면접관에게 보여야 할 키워드를 분명히
해야 한다.

■ 군더더기 없는 간결한 문장으로

글자수를 채워야 한다는 강박을 버려라. 정해진 글자수의 80~90퍼센트
정도 분량이면 충분하다. 글자수를 늘리려는 애처로운(!) 노력의 일환으로
반복된 표현을 쓰고 또 쓰는 경우를 보고는 하는데, 이는 읽는 사람을 지루
하게 만들 뿐이다. 비슷한 표현은 과감히 들어내 간결한 문장을 만들자.

■ 지원 항공사 맞춤형 키워드 활용

지원히는 회사의 경영이념, 인재상 등을 파악한 뒤 그에 맞는 키워드를
선택해 글을 쓴다. 최근의 회사 관련 소식을 활용하면 좋다. 다른 항공사
에 제출한 소개서에 회사 이름만 바꿔 적어 제출하는 것은 불합격으로 가
는 지름길이라 하겠다. 지원하는 회사가 아닌 타 항공사 이름을 기재하는
실수를 범하진 않았는지 확인 또 확인하자.

■ 깔끔한 마무리

자기소개서 말미에 청원형 문장을 사용하면 읽는 이에게 부담을 준다. 글
을 마무리할 때는 자신이 지닌 자질과 계획을 적극적으로 표현하도록 한
다. 특히 지원동기와 입사 후 포부는 앞서 적은 핵심 문구를 반복 정리해
짚어 준다. '~한 이유로 지원하였습니다', '~한 승무원이 되겠습니다'
등을 마지막 문장으로 하면 깔끔한 마무리가 되겠다.

3) 자기소개서 주요 항목별 작성

■ **지원 동기**
- 항공사와 직종 분야를 선택한 이유를 구체적이고 정확하게 설명한다.
- 이유와 목적이 부재한, 직업에 대한 막연한 환상에 사로잡힌 글은 읽는 이를 당황하게 하므로 주의한다.
- 기업의 인재상, 창업정신 등을 고려해 작성한다.

■ **입사 후 목표와 인생관**
지원하는 회사의 인재상에 맞는 인생관을 선택해 작성한다. 사자성어나 영어 문구를 집어넣기보다는 기본적이고도 분명한 어휘를 선택해 적으나마 실천하고 있음을 드러내는 것이 좋다. 입사 후 목표는 자신의 발전 가능성과 잠재력 등을 강조해 최대한 구체적으로 제시한다. 무조건 열심히, 최선을 다하겠다는 글은 신뢰를 주기 어렵다.
> **예** 외국어 학습을 열심히 하겠습니다. → 대학 시절부터 관심이 많았던 중국어 학습에 매진하여 특화된 중국 노선 서비스에 이바지하겠습니다.

■ **성장 배경**
자라온 배경, 부모님으로부터 받은 가르침 등의 구체적인 사례를 승무원의 자질을 보여 줄 수 있는 키워드와 함께 적는다.
> **예** 7년간 무료 음식 나누기 봉사활동을 하신 부모님은 어린 제게 큰 본보기가 되었습니다.

■ **성격의 장단점**
장점은 부풀리는 게 아니라 부각시키는 게 중요하다. 단점은 솔직하게 적되 개선 노력을 반드시 언급한다. 단점이 지원 회사 인재상에 반한다 여겨지는 경우, 조금은 유연한 단점을 선택하는 전략이 필요하다.
> **예** 저의 단점은 걱정을 많이 한다는 것입니다. 친구와 대화를 나눌 때도 혹여 상대방의 기분을 상하게 할까 걱정돼 말을 아끼는 경우가 많습니다. 그러나 이는 상대방을 먼저 생각하고 배려하는 태도로 발전시킬 수 있는 부분입니다. 저는 잔걱정을 줄이고 상대방을 세심히 배려하고자 노력합니다.

■ **기타 (항공 산업 전망, 추가할 서비스 등)**

지원 회사의 경영철학, 이념, 비전, 미션 등을 확인하고 키워드를 선택해 작성한다.

산업 전망이나 서비스 관련 항목에는 정답이 없다. 지원자의 관심과 생각을 들어 보려는 의도인 경우가 대부분이며, 대개 비슷한 내용들로 채워진다. 당락에 영향을 미칠 정도는 아니니 걱정하지 않아도 된다. 특별할 게 없는 내용이더라도 자신의 사례를 근거로 제시하거나, 자신의 것으로 해석해 작성하면 된다.

따라서 평소 관련 산업 뉴스나 회사 소식 등을 확인하고 정리해 두는 것이 좋다.

02 내 지원서

지원서에 기입한 내용 중 기억해 두어야 할 것들을 항목별로 정리해 둔다.

■ 포상

■ 동아리/봉사활동

■ 자격증

■ 해외 경험

■ 경력 사항

■ 그 밖의 기재 사항

03 내 자기소개서

자기소개서에 기입한 내용 중 핵심 내용만 적어 둔다.

■ 지원 동기

■ 입사 후 목표와 인생관

■ 성장 배경

■ 성격의 장단점

■ 기타 (10년 후 항공 산업의 전망, 추가하고 싶은 서비스 등)

 **면접** 대기실에서 차분히 지원서, 자기소개서, 답변노트를 읽으려 해도 너무 긴장한 나머지 집중이 되지 않는다. 왠지 헤어, 메이크업, 복장 다 어색해 보이며, 글도 눈에 들어오지 않는다. 두렵다. 갑자기 이곳에서 벗어나고 싶은 마음만 간절하다.

괜찮다. 면접 대기실에서는 누구나 긴장한다. 그러나 그 긴장을 잘 다스리는 지원자가 면접에서 좋은 결과를 얻는다. 이제 면접의 최대 적, 긴장을 다스리는 법을 알아보도록 하자.

긴장 풀기

01 마인드컨트롤

서류전형에 합격한 당신, 이제 면접이다! 면접에서 가장 중요한 것은 두려움과 긴장을 떨쳐내고, 자신감 있는 모습으로 승무원이 되기 위해 자신이 준비한 것을 100퍼센트 보여 주는 것이다. 허나 흥을 깨려는 건 아니지만, 면접은 생각만큼 쉽지 않다. 모의면접에서는 미소, 자세, 목소리, 답변 등 모든 게 완벽했는데, 정작 실제 면접에서 긴장감에 눌려 머릿속이 새하얘지고, 얼굴에는 경련이 일고, 염소 울음소리 같은 목소리로 나도 내가 무슨 말을 하는지 파악 안 되는 답변이 흘러나온다면, 이 얼마나 억울한 일인가!

이 단계에서 당신에게 필요한 것은 '마인드컨트롤'이다. '나는 승무원이 될 것이다', '나는 합격할 것이다'라는 식의 막연한 바람을 담은 문구보다는, 내가 긴장과 불안을 느끼는 특정한 상황에서 마음을 다잡을 수 있는 나만의 문구를 만드는 것이 효과적이다. 다음의 예를 참고해 나를 어떤 방식으로 다독여, 차분하고 당당하게 면접을 치를 것인지 생각해 보자.

1. 내 옆의 지원자들 모두가 아름답고 몸매도 늘씬한 게 한마디로 여신이다. 그에 비해 나는 얼마나 초라한가. → 원래 남의 떡이 커 보이는 법! 그녀들도 나를 보며 그렇게 생각할 것이다! 그리고 나에게는 비장의 무기 OO가 있다.

2. 면접관이 너무 무서워 보인다. → 면접관은 무서운 사람이 아닌, 나를 합격시켜 줄 사람이다! 이제 곧 나와 함께 일할 사람들이다.

3. 면접관이 내게만 대답하기 어려운 질문을 던지고, 단점을 지적한다. → 면접관이 내게 관심이 있는 것이다. 사람은 원래 관심 있는 사람에게 더 짓궂게 구는 법! 어려운 질문에 잘 대응해 침착하고 긍정적인 내 장점을 더 돋보이게 할 좋은 기회다!

4. 면접관이 나를 쳐다보지도 않고, 개별 질문도 하지 않는다. 이게 바로 병풍
   신세란 건가? → 이미 나에 대해 다 파악한 면접관이 다른 지원자들에게 관심
   을 쏟는 것뿐, 좋은 의미인지 나쁜 의미인지는 모른다. 포기하기에는 이르다.
   꿋꿋하게 미소 지으며 면접관과 계속해 시선을 맞추면서 다른 지원자들 대답
   을 경청하는 모습을 보이자. 이것이 바로 승무원의 자질 중 하나인 '긍정적
   마인드'이다. 결과를 멋대로 비관해 자포자기 하기보다 나 자신이 할 수 있는
   최선의 것을 하자.

5. 안면 근육들의 반란! 얼굴에 경련이 일어나 미소가 일그러진다. → 재미있었
   던 코미디 프로그램의 한 장면이나, 생각만 해도 웃음이 터지는 추억을 되살
   리며 활짝 웃자. 그리고 나서 입가에만 미소를 띠고, 눈을 크게 뜬 후 자연스
   러운 미소를 짓도록 하자.

1) 얼마 후 나의 미래!

● 대한항공 객실승무원 최종 합격 메시지

합격자확인

○ 축하드립니다!

수험번호 　　　　　　　　　님은

201 년 대한항공 국제선 인턴 객실승무원 모집 전형에 최종 합격하셨습니다.

교육훈련 입과 관련하여 아래와 같이 안내드리오니, 차질 없이 준비하시기 바랍니다.

● 아시아나항공 캐빈승무원 최종 합격 메시지

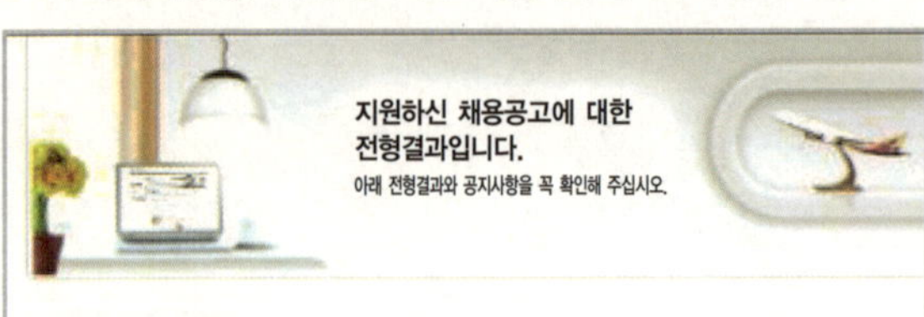

축하합니다!!!

여러분을 설레게 했던 엽서체 기억하시나요?
이제 아시아나 항공이 같은 마음으로 여러분을 기다립니다.

열정만 가지고 오십시오.
아시아나 항공이 여러분에게
세상에서 가장 아름다운 날개를 달아드리겠습니다.

2) 머지않아 내가 입을 유니폼!

3) 기분 좋아지는 상상!

좋아하는 연예인이나 목표 의식을 갖게 하는 사진을 붙이고 그 사진을 보면서
긴장을 풀자.

좋아하는 연예인이나 목표 의식을 갖게 하는 사진을 붙이고 그 사진을 보면서

4) 기분 좋아지는 글귀!

긴장을 해소하는 데 도움이 되는 글귀를 적어 보자.

1) 안면근육 이완하기

■ 볼 운동

① 양 볼에 공기를 가득 넣는다.

② 공기를 좌, 우, 위, 아래로 각 3회씩 반복해 움직인다.

③ 좌우로 3회, 위아래로 3회, 상하좌우로 3회씩 반복해 공기를 이동시킨다.

■ 입 운동

① 입을 다문 상태에서 입꼬리를 최대한 옆으로 벌리고 10초간 그대로 있는다.

② 입술을 동그랗게 모아 최대한 앞으로 쭉 내밀고 10초간 그대로 있는다.

① 아 : 얼굴 근육을 위 아래로 늘인다는 느낌으로 입을 크게 벌린다.

② 이 : 입꼬리와 뺨 근육을 끌어 올리는 느낌으로 양끝으로 입을 벌려 준다.

③ 우 : 턱에서 귀에 이르는 근육과 입가의 근육을 의식하면서 입을 쭉 내민다.

④ 에 : 입을 반달 모양으로 만들어 벌려 준다.

⑤ 오 : 입을 동그랗게 벌리고 놀란 표정을 지으며 얼굴 전체의 근육을 늘인다.

2) 미소 짓기 연습

매일 10분씩 거울을 보며 '쿠키' 라는 단어를 반복해 말한다. 매일 연습하다 보면 입꼬리가 자연스레 올라간다. '쿠키' 로만 연습하는 게 지겹다면, 거울 옆에 연예인 사진을 붙이고 그 연예인을 생각하며 '승헌 씨' '동건 씨' '예슬 씨' '태희 씨' 라고 말하고 '씨' 에서 10초 이상 유지해 미소 근육을 단련시킨다. 치아를 드러내는 함박 미소와 더불어 입꼬리만 올리는 은은한 미소도 번갈아 연습한다. 미소 짓기에서 중요한 것은, 얼굴의 모든 근육들이 함께 웃어야 한다는 것. 심지어 눈동자까지도 웃어야 가식 없는 자연스러운 미소가 완성된다.

03 복식호흡, 발음, 목소리

1) 복식호흡

가슴을 펴고 바르게 앉는다.

눈을 감고 온몸의 긴장을 푼 뒤 편안한 생각을 한다.

양손을 아랫배 단전에 모으고 턱을 약간 든 다음, 배에 자연스럽게 숨을 가득 넣고 잠시 그대로 유지한다.

그리고 입으로 숨을 내쉴 때 복부가 당기는 느낌이 들 때까지 '후' 하고 길게 내뱉는다.

복식호흡은 평정심 유지뿐 아니라 깊이 있는 목소리를 만드는 데도 필요하다.

2) 발음 연습

'아에이오우', '하헤히호후', '가갸거겨고교구규그기' 등을 발음하며 입 주위 근육을 최대한 크게 움직인다.

볼펜이나 카드를 가로로 입에 물고 발음을 연습하면 혀의 움직임을 자극하게 되므로 좋다.

수험번호를 받으면 "수험번호 0000번 000입니다."를 자신의 이미지에 맞는 목소리 높이와 속도로 연습한다.

■ **입을 가볍게 풀면서 다음을 연습해 보자.**

- 손님 여러분, 안녕하십니까. 오늘도 저희 대한항공/아시아나항공을 이용해 주셔서 감사합니다.
- 좌회전 우회전 좌회전 우회전
- 자네는 좌뇌가 발달한 것 같네.
- 이로움보다 의로움을 생각합시다.
- 경찰청 쇠창살은 녹슨 쇠창살

- 서울특별시 특허허가과 허가과장 허 과장
- 간장 공장 공장장은 강 공장장이고, 된장 공장 공장장은 공 공장장이다.

3) 목소리

- 높이(톤) : 서비스직에 적합한 높이를 '솔' 정도로 보는 게 일반적이나, 평소 자신의 톤에서 한 음 정도 올린 높이가 적당하다. 목소리 톤에 높낮이를 주면 자연스럽고 정확한 의사 전달에 도움이 된다.

- 크기 : 실무면접 시 면접관과의 거리는 3미터 정도. 목소리가 작은 사람은 복식호흡을 통해 깊이와 울림이 있는 목소리를 만들도록 한다.

- 속도 : 말하는 속도가 빠르면 조급하고 불안한 인상을 줌과 동시에 준비한 내용을 외워 말하는 것처럼 보이게 된다. 속도가 느리면 느린 대로 면접관은 답답하고 지루하게 느낄 것이다. 속도를 적당히 유지하면서 중요한 단어 앞에서는 한 호흡 쉬어 가며 강약을 조절하는 연습이 필요하다.

- 말투 : 말끝이 흐지부지해지는 사람들이 더러 있는데, 언제나 또박또박한 말투로 차분하게 문장을 끝맺어야 한다.

IV

지피지기면 백전백승이라 했던가. 국내 대형 항공사 실무면접 시 공통적으로 진행되는 면접 순서와 그에 따른 팁을 숙지하고 있는 지원자라면? 곧 자신에게 닥칠 상황들을 예상하고 그에 대비할 수 있을 것이다. 또한 자신감 향상에도 큰 도움이 되므로, 지원자는 심리적으로 안정된 상태에서 면접을 치를 수 있다.

면접 순서에 따른 팁

01 면접 대기실에서

- 면접 시작 1시간 전에 도착해 면접 장소를 익히고, 마음을 가다듬는다.

- 대기실에서는 휴대폰을 꺼 두어야 하며, 마인드컨트롤 및 안면근육 운동을 하면서 긴장을 푼다. 거울을 보고 용모와 복장을 점검한다.

- 안내자가 지원자 출석을 확인한 뒤 조 번호를 알려 준다. 실무면접은 8명씩 한 조를 이루며, 인솔자가 조별로 면접에 대해 설명한다.

- 같은 조원들과 입실 전 인사를 맞춰 보며 긴장을 푼다.

02 입실

- 인솔자를 따라 면접실로 이동해 노크 후 입실한다. 입실 순간부터 면접관의 평가는 시작된다. 긴장하지 말고 환하고 밝게 미소 지으며 입실한다.

- 워킹 시 시선은 앞 지원자 뒷머리에 두고 공수자세가 아닌 양팔을 몸 쪽에 편하게 붙이고 걷는다.
  걸을 때는 어깨와 등을 곧게 펴고 턱을 당기고 시선은 정면을 향한다. 무릎은 곧게 펴고 배를 당겨 몸의 중심을 허리 높이에 둔다. 팔은 자연스럽게 흔들고 무릎을 스치듯 걷는다. 구두를 끌지 않도록 주의한다.

- 바닥에 표시된 번호와 자신의 번호에 맞춰 선다. 1번과 8번은 양끝이므로 면접관이 앉아 있는 방향으로 몸을 약간 틀어 서 준다. 자기 위치를 찾은 다음 면접관을 두루 응시하며 미소를 짓는다. 조원 중 가장 앞서 들어간 1번 지원자가 "차렷, 경례!" 하고 구호를 붙이면 다같이 "안녕하십니까." 인사한 뒤 1번부터 8번까지 각자의 번호와 이름을 말한다.

03 면접 시 자세

1) 서 있을 때

- 턱을 약간 당기고 시선은 정면을 향한다.

- 등은 꼿꼿이 세우고, 가슴은 쭉 펴고, 어깨 힘을 빼 수평이 되도록 한다.

- 아랫배에 최대한 힘을 주어 앞으로 내밀지 않도록 한다.

- 발은 11자로 놓고, 양 무릎은 붙이며 종아리 역시 붙도록 힘을 준다.

- 손은, 남자는 차려 자세로 달걀을 쥐듯 가볍게 주먹을 쥔 상태로 바지 재봉선에 맞춰 내리며, 여자는 오른손 엄지를 왼손 엄지와 검지 사이에 끼워 아랫배에 가볍게 댄다. 팔꿈치는 너무 벌어지지 않게 허리에 살짝 붙인다.

2) 인사할 때

- 인사를 할 때도 항상 미소를 유지하고 있어야 한다.

- 1번 지원자가 "차렷, 경례!" 구호를 붙이면 다같이 "안녕하십니까."를 외친 후 0.5초 정도의 미소로 마무리하고, 머리와 등이 일직선이 되도록 곧게 펴고 허리를 약 45도 굽힌다. 이때 시선은 보통 걸음 한 발자국 반 정도 거리에 두어 고개를 숙이지 않도록 한다.

- 허리를 숙인 채 1초간 멈췄다가 다시 허리를 펴고 환한 미소를 지으며 면접관과 눈을 맞춘다.

3) 앉아 있을 때

- 면접관이 앉으라고 지시하면 앉는다.

- 뒤에 놓인 의자를 확인한 뒤 스커트를 가볍게 쓸며 앉는다.

- 등은 꼿꼿이 세우고, 가슴은 쭉 펴고, 어깨의 힘을 빼 수평이 되게 한다.

- 등받이와 등 사이에 주먹 하나 정도 들어갈 공간을 두고 허리를 곧게 편다.

- 여자는 다리를 모은 후 양 무릎을 붙이고, 비스듬히 기울여 발끝, 발목, 종아리가 일직선이 되게 한다. 모아 쥔 두 손은 허벅지 위에 살짝 올려놓는다.

- 남자는 어깨너비만큼 다리를 벌리고 앉아 달걀 하나를 쥔 정도로 손을 모아 양 허벅지 위에 둔다.

- 일어설 때는 어깨를 움직이지 않고 바로 일어나 한쪽 발을 반 발 앞으로 디딘 후에 양발을 가지런히 모은다.

참고로 대부분의 국내 항공사는 선 자세(공수자세)로 면접을 치르며, 아시아나항공과 에어부산은 임원면접, 대한항공은 최종면접 시에만 앉은 자세로 면접을 시행한다.

4) 시선 처리

- 지시를 내리거나 질문하는 면접관의 눈을 똑바로 응시해야 한다. 계속해 시선을 맞추는 게 다소 부담스럽게 여겨지면 면접관의 미간이나 인중으로 시선을 옮기는 정도는 괜찮다.

- 답변을 할 때는 질문한 면접관을 보면서 대답한다. 그 면접관이 먼저 다른 곳을 보거나 시선을 돌릴 경우에 한해 다른 면접관에게 시선을 주어도 무방하다.

- 면접관과 눈을 마주치고 있는 상황에서 면접관 모두에게 두루 시선을 분배하겠다는 생각에 지원자가 먼저 다른 면접관에게로 시선을 옮기지 않는다.

- 시선과 고개는 동시에 움직여야 단정한 인상을 주므로, 눈동자를 굴리거나 눈을 위로 치켜뜨는 버릇이 있다면 고쳐야 한다.

04 질문 답변 시

- 지원자 모두에게 공통 질문이 주어지고 이후 몇 사람에게 개별 질문이 나간다.

- 개별 질문은 받을 수도, 못 받을 수도 있다. 개별 질문을 받는다고 합격하고, 못 받는다고 불합격하는 것은 아니니 개별 질문 유무에 연연할 필요는 없다.

- 답변할 때는 정확한 발음과 적당한 속도, 침착한 목소리로 또박또박 간략하게 말한다.

- 허공이나 바닥을 보는 일이 없도록 한다. 면접관을 향해 미소 지으면서 차분하게 대답한다.

- 시종일관 함박웃음을 지을 필요는 없다.

- 잘 모르는 내용의 질문을 받으면 시간을 끌어 지연시키지 말고 "죄송합니다. 그 내용은 미처 생각하지 못했습니다." 하고 간략하게 대답한다.

- 답변에 대해 면접관이 의문을 제시하면 반박하지 말고 "네, 그 부분까지 미처 생각하지 못했습니다. 가르쳐 주셔서 감사합니다." 혹은 "지적해 주셔서 감사합니다."라고 어색해지지 않게 수긍한다.

- 다른 지원자의 답변을 들을 때는, 미소를 유지하며 경청한다. 경우에 따라 앞 지원자의 답변이 무엇이었는지 묻기도 하고, 생각을 더해 보라는 질문이 주어지기도 한다.

- 동일한 질문에 앞서 대답한 지원자와 중복된 답변을 할 때는 "앞 지원자와 마찬가지로"라고 시작하기보다는, "저도 ~한 일이라고 생각하지만,"과 같이 자신의 것으로 정리해 말한다. 중복된 답변이 되었다고 당황하거나 주눅 들지 말고 당당하게 밝은 태도로 말한다.

05 면접 마무리

- 면접이 끝났다 하더라도 지시가 있을 때까지 바른 자세를 유지한다.

- 면접관의 지시에 따라 1번 지원자가 "차렷, 경례!" 구호를 붙이면 다같이 "감사합니다."를 외치고 허리 굽혀 인사한다. 비록 면접에 실패한 느낌을 받았더라도 낭패한 표정이나 침울한 태도를 보이면 안 된다. 마지막까지 감사의 마음을 담은 바른 태도로 인사를 마쳐야 한다.

- 입실 때와 마찬가지로 마지막까지 당당하게 워킹을 하고 퇴실한다.

- 마지막으로 퇴실해 문을 닫는 지원자는 면접관에게 등을 보이지 않도록 몸을 안쪽으로 돌려 미소 띤 얼굴로 조심히 닫는다.

- 면접을 마치고 나오자마자 탄식과 함께 벽에 몸을 기대고 손으로 벽을 치는 등, 안타까움을 드러내는 어리석음을 범하지 않는다. 면접실 안에서도 밖의 소리를 간접적으로 들을 수 있음을 유념하자. 입실할 때와 같이 차분한 마음으로 퇴실하는 태도가 중요하다.

 대한항공

■ **임원면접**

- 면접에 앞서 키와 몸무게를 측정하고, 대한항공에서 제공하는 유니폼으로 갈아입는다.

- 2명의 면접관이 있는 방에 1명씩 들어가 롤플레잉(기내에서 벌어질 수 있는 간단한 상황에 대해 질문해 대처할 수 있는 능력 평가)과 간단한 영어면접, 기내방송문 읽기를 한다. 이후 5명의 지원자가 한 조가 돼 임원면접을 치른다.

■ **영어면접**

- 1명의 지원자가 2명의 면접관에게 면접을 치른다. 차례가 되면 두 번 정도 노크를 한 후 입실해 조용히 문을 닫는다. 30도 정도 각도로 밝게 인사하도록 한다.

- 유창한 영어를 구사하는 것도 좋지만, 정확한 발음과 알맞은 속도로 이야기하는 것이 더 중요하다. 평소에 천천히 또박또박 말하는 연습을 하도록 한다.

■ **최종면접**

- 2011년 하반기 채용부터 시행되었다. 1,2차 면접과는 다른 심층압박면접으로 합격자를 가려낸다. 3명의 지원자가 의자에 앉아 면접을 치른다.

아시아나항공

■ 실무면접

- 신분증으로 본인 확인을 한 다음, 키, 몸무게, 암리치 순으로 측정한다.

- 암리치 측정은 벽에 붙은 동그란 스티커에 까치발을 한 지원자의 손이 닿는지 여부를 체크하는 것이다.

- 인솔자가 ㄷ자 워킹 방법을 화이트보드에 그림을 그려 가며 설명해 준다.

- 보브컷 헤어의 지원자에게는 이마가 보이도록 앞머리를 들어 볼 것을 주문한다.

- 질의응답이 끝나면, 지원자의 손과 팔의 흉터 여부를 검사한다.

■ 임원면접

- 면접 순서는 조별로 다르다. 영어면접–임원면접–전신사진 촬영, 전신사진 촬영–임원면접–영어면접, 전신사진 촬영–영어면접–임원면접 등 순서는 가변적이다.

- 전신사진 촬영은 4명씩 차려 자세로 무릎을 붙이고 찍는다. 3회 정도 촬영하는데, 자신의 매력을 돋보이게 하되 자연스러운 표정을 짓는 게 중요하다.

- 임원면접은 사장을 포함한 5명의 임원으로 면접관이 구성되며, 지원자는 8명씩 한 조를 이룬다.

- 면접에 들어가기 전 앉는 자세(다리를 오른쪽 사선 아니면 왼쪽 사선 방향으로 통일시켜 놓는 문제)에 대해 조원들과 의논한다.

- 면접이 끝나면 지원자들은 일어나 다리를 붙이고 서 있게 되는데, 이때 면접관이 15도 각도를 바라봐(일명 '먼 산 바라보기') 줄 것을 요청하기도, 하지 않기도 한다.

- 영어면접은 TOEIC Speaking 5급 이상, GST 구술시험 · OPIc INTERMEDIATE 등급 이상 소지자인 경우 면제된다.

- 영어면접은 4명의 지원자가 면접관 2명과 치른다. 스몰토크 형식으로 간단한 질문을 받는다.

핵심노트 2

면접장에서

질문에 답할 때는 자신만의 이야기가 있어야 면접관에게 참신하다는 인상을 주고, 결과적으로 좋은 점수를 얻을 수 있다. 그렇다면 나만의 이야기는 어떻게 만드는가? 이는 간단할 것 같지만 의외로 어려운 문제다.

먼저 자신을 냉정하고 객관적으로 파악하는 작업이 필요하다. 성격의 장단점, 자질, 지원동기, 좌우명, 서비스마인드 등을 쭉 적은 다음, 내가 가진 자질 가운데 승무원에게 요구되는 것들만을 추린다. 그렇게 얻어진 것을 나의 키워드로 삼는다.

키워드가 정해지면 어떤 질문을 받더라도 스스로 중심을 잡고 답할 수 있다. 키워드 만드는 작업 없이 기출문제 백문백답을 그저 외우는 데 열 올리는 지원자들이 있는데, 그런 사람은 긴장이 감도는 면접장에서 자신이 예상하지 못한 질문을 받을 때 제대로 대처하지 못한다. 예상하지 못했다는 건 밤낮으로 외운 백문백답 안에 답이 없다는 뜻이며, 그러면 당황한 지원자의 머릿속은 백지 상태가 되고, 결과적으로 입 한번 뻥끗하지 못하거나 동문서답을 하게 될 위험이 높아진다.

이번 장에서는 가상의 지원자 '이미지'가 어떻게 자신의 키워드를 활용해 대답하는지 살펴보고, 이를 참고로 지원자 각자 나만의 답변을 만들어 보겠다. 최신 기출문제와 예시 답변 및 설명을 잘 읽고 나만의 답변노트 페이지에 직접 답변을 작성하는 훈련이다. 질문에 해당하는 답변을 한국어로 달랑 하나 만들기보다 그 질문의 답변에도 여러 가지 방식으로 대비할 수 있는 연습이 이 단계에서 이루어져야 한다.

1) 항공사별로 맞춤 답변을 만든다.
2) 예상 가능한 꼬리질문과 그에 맞는 답변까지 준비한다.
3) 영어면접에 대비, 답변을 영문으로도 만들어 본다.

질문의 성격에 맞추어 위 보기를 적절히 활용해 대비하는 전략을 마련하자.

나만의
답변노트

이 미 지

* **학력 :** 한국대학교 경영학과 졸업
* **취미 :** 아로마 디퓨저 만들기, GX
* **동아리 활동 :** 일본어 동아리 가입
* **봉사활동 :** 일주일에 한 번 고아원과 병원을 주기적으로 방문함
* **아르바이트 경험 :** 패밀리레스토랑에서 3년 정도 서비스 아르바이트를 하며 팀 부매니저까지 오름

* **장점 :** 침착함, 남의 말을 경청하고 배려함
* **단점 :** 단순함
* **좌우명 :** 사장님이 보고 있다
* **자질 :** 오랜 서비스 경험, 좋은 체력, 의사소통 능력, 상황 대처 능력
* **지원동기 :** 승무원은 서비스 직종의 꽃이며 민간 외교관으로 한국을 알릴 수 있는 직종이기에 지원함
* **서비스마인드 :** 승객 한 분 한 분에게 편안하고 안락한 서비스를 제공하는 것

* **키워드 :** 성실, 침착, 경청, 배려, 상황 대처 능력

지 원 자

* 학력 :

* 취미 :

* 동아리 활동 :

* 봉사활동 :

* 아르바이트 경험 :

* 장점 :

* 단점 :

* 좌우명 :

* 자질 :

* 지원동기 :

* 서비스마인드 :

* 키워드 :

Unit 1

자기소개와 성격

01 자기소개를 해 보십시오.

안녕하십니까, 면접관님. 저는 이미지입니다. 저는 "세상 모든 사람들은 하나하나 독립된 예술작품이다."라는 생각을 갖고 사람을 대합니다. 때문에 저는 누군가를 대할 때 그 사람을 하나의 예술작품으로 여기고 상대의 말을 경청하며 배려합니다. 그 덕분에 다른 친구들보다 인간관계가 넓고 깊지 않은가 합니다. 제게 ○○항공 객실승무원이 될 기회를 주신다면, 승객 한 분 한 분에게 최고의 예술작품 대하듯 세련되고 섬세한 서비스를 제공하겠습니다. 감사합니다.

자기소개는 길어도 40초 안에 마치는 게 적당하다. 면접관은 통상 30초 혹은 40초 내로 자기소개를 해 보라고 할 것이며, 결코 1분에 가까운 시간은 주어지지 않는다. 1회 8명 기준 실무면접 시간은 짧게는 5분 길어야 15분 정도로, 따라서 1인에게 돌아가는 답변 시간은 질문 하나당 평균 약 30초가 된다. 30초 동안 우리는 약 4~5개 문장을 말할 수 있는데, 몇 개 안 되는 문장으로 30초 안에 면접관에게 어필하려면 첫 문장부터 임팩트 있게 시작해야 한다. 주저리주저리 본인 이력을 늘어놓는 지원자는 면접관의 귀를 움직일 수 없는 것은 물론, 타 지원자를 배려하지 않는 사람으로 보이기 쉽다.

02 자신을 음식, 사물, 동물이나 색에 비유해 소개해 보십시오.

'참새' 같은 지원자 이미지입니다. 날개가 있어도 날지 못하는 오리나 닭 같은 새가 있습니다. 하지만 참새는 닭이나 오리보다는 작아도 더 많은 날갯짓으로 멀리 날 수 있는 새입니다. 저는 무슨 일을 하든 계획을 세워 차근차근 일을 진행해 나가는데, 한 예로 대학교 때 과별 팀 프로젝트에서 디테일한 계획과 부단한 노력을 통해 팀을 우승으로 이끌기도 했습니다. 이처럼 참새와 같이 부단히 노력하는 승무원이 되겠습니다.

비유를 통해 본인을 소개할 때는 자신을 대변할 만한 상징성 있는 사물을 찾는 것이 우선이다. 자신이 얼마나 노력하는 지원자인지, 또 얼마나 센스 넘치는 지원자인지 해당 사물에 대입해 자기소개로 이끌어낼 수 있어야 한다. 면접관은 이런 비유를 활용한 소개를 통해 면접자의 표현 능력과 가치관을 평가하게 된다. 따라서 간단명료한 비유로 본인을 드러냄으로써 면접관의 호감을 끌어내는 것이 중요하겠다.

이런 색은 피하도록 한다

자신을 '색'에 비유할 때는 흰색과 노란색, 보라색, 빨간색, 분홍색은 피하도록 한다. 색은 성격에 대한 간접적 표지로 작용한다. 분홍색은 여전히 유아적 성향을 버리지 못했음을 보여 주며, 빨간색 선호는 싫증을 많이 내는 성격임을 암묵적으로 내비치는 것이다. 보라색은 특이한 세계관을 지닌 사람으로 보이므로 좋지 않다. 흰색과 노란색은 딱히 나쁘진 않으나, 이미 오래전부터 승무원 지원자들이 가장 많이 선호하는 색이 되었다. 따라서 면접관에게 강한 인상을 심어 주기 어렵다.

나만의 답변노트

03 자신의 좌우명을 말해 보십시오.

'사장님이 보고 있다.' 제 좌우명입니다. 저는 늘 사장님이 보고 있는 것처럼 주인 의식을 갖고 일해 왔습니다. 그 결과 사장님 역시 제게 중요하고 책임감 있는 일을 맡겨 주셨습니다. 승무원이 된다면 항공사 대표께서 저를 보고 있다 여기고 항공사 대표가 된 듯 제 행동 하나하나에 신경을 기울여 일하고 승객들에게 더욱 세심한 서비스를 제공하겠습니다. 감사합니다.

면접자의 마음가짐을 묻는 일반적인 질문이다. 좌우명을 묻는 질문에도 평범한 답변이 많다. '아프니까 청춘이다', '실패는 성공의 어머니다', '서두르지 않되 멈추지 마라', '운명은 남이 개척하는 것이 아닌, 내가 개척하는 것이다', '오늘은, 내 남은 인생의 첫 번째 날이다' 등과 같은 것들이 그러하다. 남과 같은 답변을 한다면 큰 점수를 받을 수 없다. 자기 분석을 통해 남다른 시각으로 인생에 접근하는 좌우명을 이야기한다면 면접관에게 큰 인상을 남길 수 있다. 위트와 센스가 담긴 좌우명을 준비하도록 하자.

04 자신의 장점에 대해 말해 보십시오.

제 장점은 어떤 상황에서든 침착하게 대처할 수 있다는 것입니다. 레스토랑에서 일할 당시 손님 한 분이 음식을 먹다가 알레르기 반응을 일으켜 쓰러진 적이 있습니다. 주변 손님들은 물론 직원들도 놀란 상황이었습니다. 그때 저는 당황하지 않고 침착하게 쓰러진 손님에게 다가가 그 분의 상태를 파악한 후 똑바로 눕힌 다음 신속히 119에 전화해 손님의 안전을 지켜드릴 수 있었습니다. 기내에서 역시 어떤 응급상황이 발생하든 침착하게 대처하는 승무원이 되고 싶습니다.

달리 말해 '자신이 가진 무기가 무엇인지' 묻는 질문이 되겠다. 욕심이 과해 장점을 여러 개 들기보다는 한 가지를 구체적으로 설명하는 게 좋다. 장점을 묻는 질문은 면접자로 하여금 스스로를 재주껏 세일즈하라는 의미를 담고 있다. 따라서 장점을 돋보이게 할 구체적인 예를 들고 항공사에 어떻게 기여할 것인지를 더하면 좋은 답변이 될 것이다.

나만의 답변노트

05 자신의 단점에 대해 말해 보십시오.

저의 단점은 단순하다는 것입니다. 단순한 성격 때문에 주변 친구들한테 속기도 참 많이 속았습니다. 하지만 제 이런 성격은 승무원이 되어 동료들과 마찰을 겪더라도 이를 곱씹기보다 빨리 잊게 해 줄 것이며, 당면한 상황에 보다 잘 집중할 수 있게 하기에 저는 침착하게 문제 해결을 할 수 있습니다.

제시한 답변 말고도 지원자들이 드는 단점에는 대표적인 게 두 가지 더 있다. 첫째가 '우유부단함'. 우유부단하다는 것은 '친구의 부탁을 거절하지 못한다', '물건을 살 때 이걸 살지 저걸 살지 오래 고민한다', '내성적이다', '생각이 많다' 등을 포괄하는 표현이다. 둘째가 욕심이 많아 일을 많이 벌여 놓고, 그 해결책으로 우선순위를 정해 해결한다는 것.

단점을 말할 때는 극단적이고 실질적인 것보다는 누구나 지녔을 법한 작은 단점을 드는 것이 좋다. 단점을 말하는 질문에서까지 튀는 전략을 구사해서는 안 된다. 튀려하면 할수록 합격에서 멀어질 뿐이다.

06 사자성어로 자신을 소개해 보십시오.

'수적석천(水滴石穿)'이란 사자성어와 어울리는 제 이름은 이미지입니다. 수적석천은 미미한 물방울이 바위를 뚫는다는 뜻입니다. 아무리 어려운 일이라도 꾸준히 노력하면 못 이룰 게 없다는 제 마음가짐을 잘 설명해 주는 성어라고 생각합니다. 현 상황에 쉽게 만족하기보다는 꾸준히 노력하는 승무원이 되고 싶습니다.

면접관은 이 질문을 통해 면접자의 지식과 자기 분석 능력을 평가한다.

이런 질문도 가능하다

"이 면접장의 분위기를 사자성어로 표현해 보세요."라는 질문인데, 이 질문에도 '수적석천'은 유용하다. 지원자는 이렇게 답변할 수 있다. "저는 이 면접장의 분위기를 '수적석천'이라는 사자성어로 표현하고 싶습니다. 수적석천은 물방울이 떨어져 바위를 뚫는다는 뜻입니다. 지금 면접관님이라는 거대한 바위 앞에 여덟 방울의 물방울이 서 있습니다. 저희는 면접관님이라는 바위를 뚫고 싶은 마음이 간절합니다."

나만의 답변노트

1. 전공 언어로 자기소개를 해 보세요.

2. 자신의 장점을 3가지 들어 보십시오.

3. 자신만의 경쟁력은 무엇이라고 생각합니까?

4. (이름이 특이한 지원자에게) 이름이 무슨 뜻인가요?

5. 본인의 별명과 그 별명을 얻은 계기가 무엇인지 말씀해 주세요.

6. 특이한 버릇을 가지고 있습니까?

7. 앞으로 10년 후의 자신의 모습에 대해 말씀해 주세요.

8. 자신의 첫인상에 대해 다른 사람들이 뭐라고 합니까?

9. 친구들이 당신에 대해 어떤 성격이라고 말하나요?

10. 친구들이 이야기하는 당신의 단점은 무엇입니까?

Unit 2

추미와

건강 관리

07 즐기는 취미가 무엇입니까?

제 취미는 아로마 디퓨저 만들기입니다. 디퓨저는 아로마오일을 이용해 만듭니다. 만드는 법은 크게 어렵지 않습니다. 예쁜 병에 에탄올과 아로마오일을 8대 2 비율로 넣고 김밥용 발의 막대기 몇 개를 병에 꽂아 주면 됩니다. 저는 디퓨저를 만들어 친구들에게 나누어 주곤 하는데, 친구들이 좋아합니다. 집 안 곳곳에 두면 화장실도 신발장도 꽃향기로 가득해집니다.

취미를 말할 때는 면접관이 모르는 영역을 소개하면 좋다. 사람은 누구든 내가 모르는 것을 아는 사람에게 '저 사람에겐 무언가 더 있지 않을까' 같은 호기심을 갖게 되고, 호감도 느낀다. 면접관도 마찬가지다. 취미를 적을 때 누구나 쓸 법한 책 읽기, 영화나 드라마 보기, 수영, 등산 등을 써 넣는다면 면접관에게 관심을 받기 힘들 것이다. 특색 있는 취미를 들어 면접관의 호감을 얻도록 하자. 하지만 억지 전략은 금물이다. 면접에서 돋보이고 싶지 않은 사람은 없다. 그렇다고 면접용 취미를 만들어서는 곤란하다. 그런 예로 '헌혈하기', '고민 들어주기', '설득하기' 등이 있는데, 이는 오히려 역효과를 가져올 수 있으므로 유의한다.

흥미를 끄는 취미로 면접관의 관심을 유도하자!

면접관이 당신의 이야기를 듣고 '재미있다. 저 지원자는 아는 게 참 많구나' 라고 생각할 수 있게끔 취미를 선별하는 작업이 필요하다. 이에 집 주변에 있는 백화점·할인마트·구청 문화센터를 활용하기를 권한다.

문화센터에는 양초 만들기, 디퓨저 만들기, 천연비누(또는 화장품) 만들기, 태국 요리, 두피 케어, 댄스, 요리, 서예, 꽃꽂이, 공예, 악기, 재봉 등 정말 다양한 커리큘럼이 존재한다. 적은 돈과 짧은 시간 안에 특색 있는 취미 소유자가 될 수 있다.

나만의 답변노트

08 본인의 취미가 승무원 업무에 어떤 도움을 줄 수 있다고 생각합니까?

승무원이 갖춰야 할 자질 중 하나는 타인을 배려하는 마음입니다. 저의 취미는 아로마 디퓨저 만들기지만, 저는 만드는 데 그치지 않고 주위 사람들에게 이를 선물하기도 합니다. 이 아로마 디퓨저를 선물받은 지인들은 아주 좋아합니다. 솔직히 아로마 디퓨저는 그리 대단한 선물은 아닙니다. 그럼에도 그들이 그렇게 기뻐하는 건, 그들을 생각하는 제 마음에 감동받았기 때문이라고 생각합니다. 저의 이런 상대방을 생각하는 마음, 즉 배려는 제가 승무원이 되고 승객이 불만을 제기할 때도 승객의 마음을 배려해 승객이 기분 상하지 않게 대처하도록 도울 것이며, 이는 곧 고객 감동으로 이어질 수 있을 것입니다. 동료와 문제를 겪을 때도 그들의 입장을 고려하고 배려하는 태도는 팀워크를 보다 견고하게 만드는 원동력이 될 것이라 생각합니다.

승무원이 갖출 자질에는 다음과 같은 것들이 있다. 밝은 미소, 경청하는 자세, 어학 실력, 배려하는 마음, 겸손, 글로벌마인드, 메모 습관, 기억력, 성실함, 체력, 설득력, 상황 대처 능력, 외향성, 긍정적 사고, 최고의 서비스 제공에 대한 의지, 팀워크, 리더십과 팔로어십. 운동과 관련된 활동적인 취미는 체력과 연결되며, 요리나 베이킹처럼 무엇을 만드는 취미는 타인과 나누는 배려라는 자질을 강조할 수 있다. 공부와 관련된 취미는 메모 습관이나 기억력을 부각시키는 데 유용하다.

나만의 답변노트

09 평소 스트레스를 해소하는 방법은 무엇입니까?

제게는 두 가지 스트레스 해소법이 있습니다. 하나는 운동입니다. 유산소운동과 GX를 통해 스트레스를 풀곤 합니다. 운동을 하면 아드레날린이 분비되고 이를 통해 쌓였던 스트레스가 풀립니다. 하지만 일하는 순간순간 스트레스를 받는 경우가 있습니다. 그럴 때면 저는 작은 초콜릿을 하나 먹습니다. 달콤한 것이 주는 기쁨으로 스트레스를 잊는 것입니다.

'스트레스를 어떻게 푸는가?' 라는 질문에는 두 가지 해결책을 드는 전략이 유효하다. 한정된 공간에서 일하는 승무원은 매순간 다양한 스트레스에 노출되기 때문이다. 지원자는 먼저 스트레스를 푸는 실질적인 방법을 하나 소개하고(노래 부르기, 맛있는 음식 먹기, 콘서트 가기 등), 다음으로 순간순간 받는 스트레스 해소법을 말하는 게 좋다. 이것이 면접관에게 보다 나은 점수를 얻는 방법이다. 후자에 대한 예로는, 세수하기보다는 미스트 뿌리기, 초콜릿 먹기, 찬물 마시기 등이 있다.

나만의 답변노트

10 평소 어떻게 체력을 관리합니까?

저는 꾸준한 헬스와 GX를 통해 체력 관리를 해 왔습니다. GX는 'Group Exercise'의 줄임말로 여러 명이 함께 하는 운동인데, 체력과 더불어 끈기와 지구력도 기를 수 있습니다. 또 운동하는 사람들과 함께 땀을 흘리면서 파트너와의 관계도 돈독하게 만들 수 있습니다. 승무원이 갖춰야 할 자질 중 하나는 체력이라고 합니다. GX로 체력을 관리하는 저는 체력만큼은 자신 있다고 자부합니다.

체력 관리법을 묻는 질문에 등산, 수영, 조깅, 자전거 타기, 산책 등의 답변은 피했으면 한다. 등산이나 수영은 지원자 대부분이 드는 방법이다. 1만 명이 넘는 지원자 가운데 4천 명 이상이 등산과 수영을 취미로 하고 있다. 조깅과 자전거 타기, 산책은 혼자 하는 운동이란 인상이 강해 은연중에 내성적인 성격임을 드러내는 함정에 빠지게 된다.

이 질문에는 대부분 즐기면서 할 수 있는 활동적인 취미를 소개한다. 이로써 체력과 끈기와 더불어 동료애 역시 어필할 수 있다. 대표적인 것으로 라인댄스, 차밍댄스, 크로스핏, GX, 줌바댄스 등이 있다.

● **취미에 뒤따르는 질문들**

1. **요리** : 요리가 특기인데 기내식으로 무엇을 추천하겠습니까? 가장 자신 있는 요리를 설명해 주세요.

2. **독서** : 한 달에 책을 몇 권 정도 읽나요? 추천하고 싶은 책 제목을 말해 본다면? 평소 읽는 책은 어떤 책인가요? 읽은 책 중 하나를 얘기해 보세요. 좋아하는 종류의 책은?

3. **음악 감상** : 어떤 장르를 좋아하나요? 뮤지션 중 누구를 좋아하나요? 기내에서 불안해 하시는 손님들을 위해 추천할 만한 곡은 무엇인가요? 외국인에게 추천할 음악을 말해 보세요.

4. **등산** : 등산한 산 중 가장 높은 산은 어디인가요? 등산을 얼마나 자주 다니며, 시간은 얼마나 걸립니까? 주로 다니는 산은 어디인가요?

5. **마라톤** : 마라톤을 통해 얻은 점? 어떤 계기로 이런 취미가 생긴 건가요?

6. **여행** : 국내 여행을 많이 다녔는데, 추천하고 싶은 여행지는 어디인가요?

7. **사진 촬영** : 사진을 잘 찍는 노하우가 있다면 설명해 주시겠어요?

8. **영화 감상** : 최근에 본 영화에 대해 말해 보세요.

9. **요가** : 요가를 해서 좋은 점이 무엇인가요?

Unit 3

학교생활, 전공, 동아리 활동

11 전공에 대해 말해 보십시오.

평소 서비스와 조직행동, 경영에 관심이 많았던 저는 서울에 위치한 한국대학교 경영학과를 졸업했습니다. 저는 경영학과에서 서비스를 넘어 고객을 만족시키는 방법, 리더십, 조직을 이해하는 법을 배웠습니다. 저는 특히 서비스 관련 과목에 많은 흥미를 느꼈습니다. 경영학은 단순히 경영 하나만이 아닌 사회 전반에 대한 여러 가지 정보를 깊이 있게 분석하는 법을 배우는 학문이었습니다.

이 질문에 답할 때는 자신이 선택한 전공에 대해 후회하는 듯한 뉘앙스를 풍겨서는 안 된다. 이전부터 흥미를 가진 분야였다고 말하는 것이 좋다. 열심히 공부한 전공과 승무원이 되려는 지원자의 열망에 연결점이 없다고 판단되는 경우, 면접관은 '왜 전공과 관련 없는 승무원이 되려고 합니까?', '당신의 전공과 승무원 업무에 어떤 연관성이 있다고 봅니까?'와 같은 꼬리질문을 던질 수 있다. 따라서 지원자는 승무원이라는 직종에 대해 숙고하는 시간을 갖고 어떤 답을 할지 충분히 준비해야 한다.

나만의 답변노트

12 당신의 전공이 승무원과 어떤 연관을 갖는다고 생각합니까?

제 전공은 경영학입니다. 저는 경영학과를 다니면서 회계만이 아닌 경제, 마케팅, 소비자행동론, 리더십, 프렌차이즈원론, 서비스경영 등 다양한 분야를 공부했습니다. 특히 서비스에 관심이 많았던 저는 고객관리론과 소비자행동론, 서비스이론을 보다 깊이 있게 공부했습니다. 승무원은 서비스 직종입니다. 서비스 관련 수업에서 배운 지식을 바탕으로 저는 승객에게 더욱 격식을 갖춘 응대를 할 수 있으며, 승객 한 분, 한 분에게 보다 세심하게 서비스할 수 있을 것이라 확신합니다.

승무원과 전공의 연관성을 설명하는 말하기 전략은 다음과 같다.

- **경영학 및 서비스학 계열** : 배운 것을 열거하되 서비스에 대해 학습한 내용을 보다 자세하게 말한다.
- **공학 및 법학** : 공대 출신자는 수치화에 강할 것이다. 이를 승무원이 하는 일과 연결시키려면 '기내에 응급상황이 발생하면 차가운 머리로 판단하고, 승객들에게는 한 분 한 분 따뜻한 가슴으로 서비스하겠다.' 는 문구를 넣어 주면 좋을 것이다.
- **예체능** : 음악 · 미술 계열 전공자는 관찰력이 뛰어나고 세심해 승객들의 불편함을 재빨리 알아차리고, 적절히 대처할 수 있다는 것을 어필한다. 체육 계열은 체력이 좋으므로 힘든 승무원 업무를 잘 소화할 수 있다는 점을 들면 좋다.

나만의 답변노트

13 가장 좋아했던 전공과목은 무엇입니까?

경영학과를 다니면서 제가 가장 좋아했던 과목은 '소비자행동론'이었습니다. 이 과목을 통해 현재의 소비자들은 제품이 갖는 특징이나 편의성에 이끌려 구매를 결정하기보다는, 해당 제품이 자신의 라이프스타일이나 가치관을 제대로 반영하는지 여부를 중시한다는 점을 배웠습니다. 소비자행동론에는 경험마케팅이란 것이 있습니다. 이를 통해 고객을 위해서는 항상 고객의 라이프스타일을 분석하고 고객이 원하는 기대치 이상을 제공해 주어야 한다는 사실을 알게 되었습니다.

승무원은 서비스업이다. 자신이 좋아한 과목을 묻는 질문에는 지원하는 직종과 연결점을 갖는 과목을 선택하는 것이 좋다. 많은 예가 있겠지만, 서비스경영, 소비자행동론, 고객관리론 등의 과목은 항공 서비스와의 연결점을 찾기가 쉬워 좋은 점수를 받을 수 있다. 서비스 관련 전공이 아니더라도 교양과목 중 하나는 승무원 업무와 연결시킬 수 있다. 교육심리학이나 심리학이 그런 예가 되겠다.

14 학창시절에서 가장 기억에 남는 순간은 언제였습니까?

저는 학창시절 1/10을 봉사활동에 할애했습니다. 봉사 동아리에 들어가 일주일에 한 번 고아원과 병원을 방문했습니다. 환자분들과 아이들은 처음엔 저희를 경계했지만, 세 번째 정도 방문 때부터는 반갑게 맞아 주었습니다. 봉사활동을 통해 저는 봉사를 한 만큼 성취감과 뿌듯함을 느낄 수 있다는 걸 알았습니다. 일본어 회화 동아리에서는 유기견 입양 캠페인에 참여했는데, 주인에게 버려졌다는 걸 아는 강아지들이 처음 보는 저를 무조건적으로 따를 때 받은 '짠한' 느낌이 떠오릅니다.

단순히 '제 대학 생활은 이러했습니다' 가 아닌, 그런 활동을 한 이유는 무엇이며, 어떤 직무를 맡았는지를 언급하는 게 좋다. 학점 잘 받은 지원자보다 서비스를 잘할 것 같은 지원자를 뽑는 이유는, 학점과 서비스의 질은 하등 상관관계가 없기 때문이다. 그저 '공부를 열심히 했습니다' 가 아닌 재학 시 대외 활동이나 대표로서의 경험, 본인 때문에 팀워크가 잘 발휘된 예, 본인 때문에 팀워크가 제대로 형성되지 못해 힘들었던 일이나 이를 어떻게 해결했는지를 상세히 설명한다면 좋은 점수를 기대할 수 있을 것이다.

15 동아리 활동(또는 봉사활동) 경험에 대해 말해 주십시오.

일본어에 관심이 많았던 저는 일본어 회화 동아리 JLC에서 활동했습니다. 동아리 활동을 하며 저는 일본문화와 일본어를 더욱 체계적으로 공부할 수 있었습니다. 2학년과 3학년 때 연속으로 동아리 회장을 맡았습니다. 그때 저는 리더십과 상대방의 말을 경청하는 커뮤니케이션 스킬, 사람의 소중함을 배웠습니다. 또한 저희 동아리는 일주일에 한 번, 버려지는 고양이나 개를 위해 유기동물 입양을 장려하는 봉사활동을 꾸준히 한 바 있습니다.

봉사활동 및 동아리 활동. 항공사 입사 면접에서 자신의 강점을 어필할 수 있는 가장 큰 무기가 되는 자원이다. 학점이 좋다면 '멀티플레이어' 라는 수식어를 달 수 있는 게 이 질문에 대한 답변이 되겠다. 성실한 사람임을 보여 줄 수 있음은 물론이다. 학점 면에서 별반 내세울 게 없는 지원자라면, 면접에서 '봉사활동과 동아리 활동' 에 대해 설명하는 것으로 낮은 학점을 어느 정도 커버하는 것도 가능하다. 꾸준한 봉사활동, 동아리에서 리더가 된 경험을 말한다면 면접관에게 많은 점수를 얻을 수 있을 것이다. 학과 내 동아리 활동이라도 언급하고 넘어가는 것이 좋은 전략이다.

나만의 답변노트

1. 지금 대학 1학년으로 돌아간다면 가장 먼저 하고 싶은 일은?

2. 학점이 좋지 않은데, 그 이유는 무엇입니까?

3. 졸업 후 1년이란 공백기 동안 무엇을 했습니까?

● **전공에 따른 질문들**

4. **항공운항과** : 전반적으로 어떤 걸 배우나요? 기억에 남는 수업에 대해 말해주세요. 힘들었던 점은 무엇인가요? 단점은 무엇이라고 생각하나요? 항공운항과로 진학한 것에 대해 후회한 적은 없나요? 하고 싶은 다른 공부는 없나요?

5. **의상디자인** : 디자인 전공인데 자사 유니폼을 평가해 본다면? 전공을 포기하기 아깝지 않습니까?

6. **경영학과** : 항공사가 할 수 있는 마케팅에는 무엇이 있을까요?

7. **공학 계열** : 남학생 비율이 높은 곳을 다녔는데, 반대로 여자가 많은 무리 안에서 일을 잘할 수 있을까? 남학생이 많은 학과의 장단점은 무엇인지?

8. **제2외국어학과** : 전공 언어로 자기소개하기
(해당 학과의 나라) 추천하고 싶은 것? 그 나라의 특징은? 그 나라 손님들에게 어떻게 서비스를 할 건지? 어딜 가보고 싶은가? 그곳은 우리 항공사가 취항하는지? 노선 중 취항 안 하는 곳 추천지는 어디인가요?

Unit 4

아르바이트,
직장 경력

16 아르바이트/직장에서의 경험을 통해 느낀 점을 말해 주십시오.

패밀리레스토랑에서 3년 동안 일하면서 저는 사람을 상대하는 서비스 직종이 제가 가장 잘할 수 있는 일이라는 판단이 섰습니다. 3년간의 근무를 통해 저는 첫째, 고객 응대 서비스 아이디어를 실현할 수 있는 구체적인 분석력을 갖출 수 있었습니다.

둘째, 고품격 서비스 매너, 고객 불만 해결, 상황 대처 능력, 스트레스 해소 등의 노하우를 습득했습니다. 사람을 위해 사람과 함께 일할 수 있는 지원자인 저 이미지는 ○○항공과 잘맞는다고 생각합니다.

이 질문은 어떤 일을 했느냐를 묻는 게 아니다. 그 일을 통해 무엇을 배웠으며, 이를 승무원 업무와 어떻게 연결시킬 것인가를 묻는 질문이다. 한 가지 일을 하고 느낀 점을 말하는 것이 좋다. 조금이라도 더 깊은 인상을 남기려고 여러 사례를 드는 욕심을 부리면 쉽게 싫증내는 지원자라는 꼬리표가 붙을 수 있으니 주의한다.

17 아르바이트/직장에서 일을 하며 실수한 경험에 대해서 말해 보십시오.

일을 할 때 저는 실수를 거의 하지 않는 편입니다. 하지만 지금 하나 떠오르는 게 있습니다. 패밀리레스토랑에서 일할 때 한번은 고객에게 음료를 잘못 갖다드린 적이 있습니다. 실수를 깨달은 순간 그 고객에게 진심으로 사과를 했습니다. 그 고객은 제게 일하면서 실수할 수도 있는 거라시며 도리어 저 덕분에 기분이 좋아졌다고 말씀하셨습니다.

실수는 누구나 한다. 이 질문으로 면접관이 알고자 하는 것은 지원자가 실수한 적이 있는지 여부가 아니라, 돌발 상황과 맞닥뜨린 지원자가 어떻게 문제를 해결했는가이다. 튀고 싶은 마음에 상황을 연출하고 만들어 내면 면접관에게 좋은 점수를 받을 수 없다. 또한 솔직한 게 좋다는 마음에 수습하지 못한 실수에 대해 말한다면 면접관은 해당 지원자를 상황 대처 능력이 부족한 사람이라 추측해 버릴 위험이 있다. 그러므로 일할 때 흔히 범하기 쉬운 작은 실수를 말하는 게 적절하다. 더불어 실수한 상황을 어떻게 정리했는지 적절히 언급한다면 좋은 점수를 받을 수 있을 것이다.

나만의 답변노트

18 아르바이트와 학업 병행이 힘들지 않았습니까?

아르바이트를 하면서 학업을 병행하는 일이 제게는 체력적으로는 조금 힘들었습니다. 하지만 패밀리레스토랑에서 일할 당시 저는 고객을 대할 때 늘 행복했기에 즐겁게 보낸 시간이었다고 감히 말씀드릴 수 있습니다. 좋아하는 일을 하면서 좋아하는 공부를 한다는 것은, 제게 항상 설렘을 준 기억이었습니다.

질문을 받은 지원자는 답변을 통해 자신의 체력과 열정을 강조할 수 있다. 동시에 멀티플레이어가 가능한 지원자임을 짚어 줄 수 있을 것이다. 자신감 없는, 무성의한 단답형 답은 결코 좋은 점수를 기대할 수 없다. 지원자 가운데 학점이 좋지 못한 사람은 이 같은 유형의 질문을 받기 쉽다. '학점이 낮은 이유는 무엇인가요?' 가 한 예가 될 수 있겠다.

나만의 답변노트

아르바이트/직장 경력이 승무원 업무에 어떤 도움이 될 것이라 생각합니까?

패밀리레스토랑에서 3년간 일하며 저는 고객에게 항상 일관된 서비스를 제공하고자 했습니다. 서비스업은 종사자의 감정 상태에 영향을 받기 쉬운 업종입니다. 따라서 일관된 서비스를 제공하기 위해서는 그만한 노력이 필요했습니다. 저는 몸이 안 좋을 때도, 오랜 기간 교제한 남자친구와 헤어졌을 때도, 일관된 서비스로 고객을 대했습니다. 승무원이 된 뒤에도 이런 마음가짐은 변하지 않을 것입니다. 제가 기쁘든 슬프든 괴로운 상황에 처했든, 항상 일관된 서비스를 승객에게 제공할 것입니다.

지원자의 장점을 우회해 묻는 질문이다. 자신이 일한 곳이 호텔, 레스토랑과 같은 서비스업종이었다면 고객과 소통하는 법, 고객 불만에 대처하는 법, 항상 미소 짓는 법 등을 열거해 설명을 이어 갈 수 있을 것이며, 사무직이었다면 자신만의 정리법, 메모 기술, 기억하는 요령, 센스 등을 들어 장점을 말할 수 있겠다. 교사 출신 지원자는 '어린 승객에게 눈높이를 맞춘 서비스'를 강점으로 들어 좋은 답변을 만들 수 있다.

나만의 답변노트

1. 아르바이트를 선택할 때 가장 중요하게 여기는 기준은 무엇입니까?

2. 같이 일하기 불편한 상사는 어떤 사람입니까?

3. 상사가 나와 반대되는 의견이라면 어떻게 소통할 것인가?

● **아르바이트 관련 질문들**

4. **학원** : 어떤 것을 가르쳤는지? 학원강사 경험이 있는데, 그 경력을 살려 우리 항공에서 잘할 수 있는 것은 무엇인가요?

5. **바리스타** : 일하면서 재미있었던 경험에 대해 말해 보세요.

6. **바텐더** : 기내에 추천하고 싶은 음료는 무엇인가요?

7. **안내** : 안내데스크 업무 시 체력적으로 힘들지는 않았나요?

Unit 5

항공사에 대한 질문

20 우리 항공사에 대해 아는 것이 있으면 말해 보십시오.

A380을 아시아 최초로 도입한 ○○항공은 목적지까지 승객의 편의를 우선시하는 항공사입니다. A380은 최대 860명까지 탑승 가능한 기종이라고 합니다. 하지만 ○○항공은 그렇게 하지 않았습니다. 승객의 편의를 고려해 좌석수를 조금 줄이는 길을 택했기 때문입니다. 승객을 생각하는 마음, 이 마음이야말로 ○○항공을 명품으로 만드는 원동력이 아닌가 생각합니다.

자신이 지원하는 항공사에 대한 지식을 완벽히 갖춰야 하는 건 당연하다. 지원 항공사에 대해 자세히 알려면 항공사 홈페이지뿐 아니라 최근 관련 기사 등을 읽고 정리하는 작업이 요구된다. 지원 항공사의 단점을 언급하기보다는 장점을 강조하도록 한다. 해당 사가 최근 도입한 서비스라든지 새로운 취항지나 사회 공헌 활동 등을 말하는 게 좋다.

21 다른 항공사도 많은데, 우리 회사를 선택한 이유는 무엇입니까?

어렸을 때 부모님이 주신 선물 중 한복이 기억납니다. 색이 고운 한복을 입고 있으면 왠지 모르게 한국인이라는 자부심을 느낄 수 있었고, 그 기분이 좋아 지금도 저는 명절이면 한복을 입습니다. ○○항공은 제게 있어 한복과 같은 항공사라 말씀드리고 싶습니다. 입고 있으면 자부심이 느껴지는 한복처럼 ○○항공은 제게 한국인이라는 자부심을 갖게 하는 항공사이기 때문입니다.

이 책을 보는 준비생들 대부분이 '어느 회사든 시켜만 주면 열심히 하겠다'는 마음을 먹고 있을 것이다. 하지만 항공사는 본인의 꿈을 이루는 도구가 아닌, 영리를 목적으로 하는 곳임을 잊어서는 안 된다. 이 질문은 입사 후 얼마나 주인의식을 갖고 열심히 일할 것인지를 우회해 묻는 유형에 해당한다. 지원자 대부분이 해당 항공사의 인재상에 자신을 끼워 맞추는 답변들을 하는데, 그러면 답변에 차별화를 주기 힘들다. 이 질문에 답하는 지원자는 자신감이 결여된 형식적인 답변이 아닌, 면접관의 공감을 끌어낼 수 있는 방향으로 답변을 만들 필요가 있다.

나만의 답변노트

22 우리 항공사의 단점은 무엇이라고 생각합니까?

○○항공은 한국을 대표하는 세계 최고의 항공사입니다. 이는 ○○항공을 이용하는 고객 누구나 최고의 서비스를 기대하게 된다는 뜻이기도 합니다. 서비스에 대한 승객들의 기대치가 높은 만큼 웬만한 서비스로는 승객을 만족시키기 어려울 수 있다는 게 ○○항공의 단점이라 말씀드릴 수 있겠습니다. 하지만 저는 이를 잘 알고 있고, 오랜 서비스 경험을 기반으로 승객 한 분 한 분에게 세심한 서비스를 제공할 수 있습니다.

지원 항공사의 단점을 묻는 질문에 다음과 같은 단점을 드는 건 피한다. 항공권이 비싸다, 주식이 조금씩 떨어진다, 유니폼이 이상하다 등. 이 같은 유형의 답변은 면접관에게 나쁜 인상만 심어 줄 뿐이다. 지원자는 해당 사의 단점을 말하되, 듣는 이의 기분을 고려해 우회한 표현을 사용하도록 유의한다. 단점이 '없다' 거나 '제가 좋아하는 항공사이니만큼 장점만 보인다' 는 식의 대답 역시 면접관에게 좋은 인상을 남기지 못한다.

23 우리 항공사 하면 떠오르는 이미지는 무엇입니까?

○○항공 하면 저는 한복이 떠오릅니다. 한복은 우리 고유의 옷이며, 선이 곱고 색이 화려하고 아름답습니다. 어떤 자리에서든 한복을 입으면 우리 문화에 더욱 자부심을 갖게 되는 것처럼, 제게 있어 ○○항공이 주는 이미지 역시 그러합니다. 입었을 때 한국인이라는 자부심을 느끼게 하는 한복처럼, ○○항공은 한국인이라는 자부심을 갖게 하는 항공사입니다.

'항공사를 무엇에 비유하고 싶은가' 를 묻는 질문이다. 누구나 예로 들 법한 '명품' 운운하기보다는 참신하면서 긍정적인 이미지를 끌어낼 수 있는 대상을 예로 들면 좋은 점수를 받을 것이다.

항공사 이미지에 견줄 만한 '나만의 사물'을 찾아내자

- **아시아나항공** : '열쇠' 에 비유하고 싶습니다. 사람들은 저마다 마음속에 자물쇠 하나씩을 가지고 있다는 말이 있습니다. 아시아나항공이 늘 진심어린 서비스로 승객들 마음의 자물쇠를 연다고 할 때, 그 진심어린 서비스가 바로 열쇠가 되는 것입니다. 그래서 아시아나항공이 열쇠를 닮았다 생각됩니다.

- **대한항공** : '신발' 이라고 생각합니다. 마음 설레는 첫 해외여행, 긴장되는 비즈니스 미팅, 오랜만에 가족을 만나는 반가움 등, 그 모든 순간에 나와 함께인 익숙하고 편안한 신발 같은 항공사. 즉 인생의 중요한 순간, 그 중심에는 언제나 대한항공이 있다는 의미입니다.

나만의 답변노트

24 우리 항공사의 사회 공헌 활동에 대해 아는 것을 말해 보십시오.

유니세프 기내 동전 모으기, 중국 1지점 1교 결연사업, 아프리카 신생아 돕기 모자 뜨기, 글로벌 색동놀이터, 베트남 사랑의 집짓기, 필리핀 아이따족 1사 1촌 지원 등이 있습니다. 여기에 머물지 않고 ○○항공은 사랑나눔 일일카페, 국제 불우이웃 돕기 등 지속적인 사회 공헌 활동에 힘쓰고 있는 항공사입니다.

지원하는 항공사에 대한 관심 여부를 묻는 질문이 되겠다. 면접 전 홈페이지나 관련 기사를 읽었다면 쉽게 답할 수 있는 유형이다. 따라서 지원자는 면접 전 지원할 항공사에 대한 지식을 갖추고 있어야 한다. 항공사는 이미지에 살고 죽는 기업인 만큼 사회 공헌 활동 같은 대외 활동에 민감하다. 회사에 대한 관심이 높고 많이 아는 지원자일수록 면접관에게 좋은 점수를 받는 것은 당연하다. 지원자는 승무원이 되고 싶은 마음을 앞세우기보다 그 '회사'에 들어가고 싶다는 마음가짐으로 면접에 임했으면 한다.

25 인상 깊게 본 우리 회사 광고가 있습니까?

○○항공 광고 가운데 한국을 주제로 한 광고가 생각납니다. 'From 코리아 To 글로벌'이라는 카피로 대한민국의 미를 보여 준 광고입니다. 한국의 아름다움을 한 층 더 깊게 알게 된 의미 있는 광고였습니다. 특히 가야금부터 일렉트릭기타에 이르기까지 악기를 바꾸어 가며 아리랑을 연주한 부분이 가장 인상 깊었습니다.

지원자가 면접 전 반드시 보고 가야 하는 것 하나가 해당 항공사 광고이다. 인상 깊게 본 광고를 묻는데 최근 나온 광고를 이야기한다면 좋은 점수를 기대하기 어렵다. 지금껏 제작된 광고 중 하나를 택해 그 광고의 어떤 부분에 매료되었는지 설명할 수 있어야 한다.

대한항공은 취항지 중심의 광고를, 아시아나항공은 서비스의 우수성을 강조하는 광고를 만드는 편이다. 광고만 봐도 알 수 있듯 대한항공은 편리한 서비스, 아시아나항공은 편안한 서비스에 광고의 초점을 둔다.

우리 항공사의 경영이념에 대해 말해 보십시오.

○○항공의 경영이념은 최고의 안전과 서비스를 통한 고객만족입니다. 고객의 요구가 다양해질수록, 항공사 간 경쟁이 심화될수록 항공사 입장만을 고려해 경영하는 것은 통용되기 어렵습니다. 서비스 품질이 아무리 뛰어나다 해도 고객을 만족시키지 못하는 항공사는 살아남지 못하는 만큼 ○○항공은 고객만족에 최선을 다하는 항공사입니다. '승객이 원하는 시간에 원하는 장소로 가장 빠르고 가장 안전하고 가장 쾌적하게 모시는 것', 이것이 ○○항공이 추구하는 바입니다.

면접일 전 지원자가 반드시 챙겨야 할 것이 면접 당일 항공사 최신 뉴스, 기업 정보(기업이념, 비전, 사업, 인재상)이다. 지원하는 기업에 대한 지식을 묻는 질문인 만큼 어렵지 않게 답할 수 있을 것이다.

면접을 시험으로 간주하기보다 자신의 역량을 마음껏 펼치는 무대라 여긴다면, 면접에 보다 편하게 임할 수 있을 것이다. 항상 자신을 갑의 입장에 놓고 내가 면접을 주도한다는 기분으로 이끈다면 좋은 점수를 받을 수 있을 것이다.

27 우리 항공사 취항지 가운데 가 보고 싶은 곳은 어디입니까?

얼마 전 ○○항공이 취항한 미얀마 양곤에 가 보고 싶습니다. 공산주의 체제하의 미얀마는 현재 개혁과 개방을 통해 민주주의 사회로 변모해 갈 것이라고 합니다. 곧 유수의 외국계 기업이 미얀마에 진출할 것이라고도 합니다. 부처님 머리카락이 보관되어 있다는 100미터에 가까운 높이의 쉐다곤 파고다에도 꼭 가 보고 싶습니다.

항공사 취항지에 대한 지식을 묻는 질문이 되겠다.

"케냐에 가 보고 싶습니다. 거대한 아카시아 숲인 암보셀리국립공원에서 코끼리와 얼룩말 같은 자연을 직접 경험해 보고 싶습니다. 또 아프리카에서 유일하게 만년설을 볼 수 있다는 킬리만자로에도 가 보고 싶습니다." 이는 해당 국가의 오락적 측면만 강조하는 답변이다. 단순히 즐길 거리만이 아닌 취항지의 사회 전반적인 면, 세계 경제가 돌아가는 부분도 어느 정도 선에서 상식으로 알고 있다는 분위기를 보여 주는 답변이 좋은 점수를 받는다.

같은 유형으로 '미취항 국가들 중 어디에 가 보고 싶냐?'는 질문도 가능하다. 답변은 "저는 핀란드에 가 보고 싶습니다. 우리에게는 자일리톨의 나라로 알려져 있는 핀란드입니다. 하지만 자일리톨보다도 핀란드는 디자인으로 더 유명한 나라입니다. 평소 건축과 디자인에 관심이 많은 저이기에 핀란드는 꼭 한번 가 보고 싶은 나라입니다." 정도로 가볍게 가면 되겠다.

나만의 답변노트

우리 항공사 유니폼에 대해 어떻게 생각합니까? 유니폼에서 개선할 점이 있다면?

○○항공 유니폼은 정말 아름답습니다. 여성의 미를 최대한 강조하는 디자인으로 감히 최고라 말씀드릴 수 있습니다. 굳이 개선할 부분을 꼽자면, 겨드랑이 부분에 절개선을 하나 더 넣어 움직임을 보다 편하게 만들면 어떨까 합니다.

유니폼 개선 방안을 묻는 질문에 유니폼을 뜯어고쳐야 한다는 식의 답을 할 지원자는 없을 것이다. 유니폼은 그 항공사의 자존심이다. 그런 유니폼 어디가 잘못됐고 색이 칙칙하다는 둥 너무 화려하다는 둥의 대답은 좋은 점수를 기대하기 어렵다. 개선할 점이 없다는 이야기로 시작한다면 그나마 중간 점수는 받을 수 있다. 굳이 단점을 말하라고 한다면 활동성을 강화해 원단을 덧대거나 보이는 데가 아닌 안쪽에 주머니를 하나 더 만들어 승무원이 지녀야 할 물건을 넣을 수 있게 하자는 식의 답변이 좋다.

29 추가하면 좋을 기내식을 생각해 본 적 있습니까, 있다면 무엇인가요?

저는 식용 꽃과 각종 나물을 넣은 묵은나물비빔밥을 추천하고 싶습니다. 조리법은 이렇습니다. 각종 나물과 밥에 들기름과 맛소금으로만 간을 합니다. 나물비빔밥은 기존 비빔밥보다 덜 자극적이며 채식주의자 승객도 충분히 만족할 만한 영양밥입니다. ○○항공 이미지에 맞는 식용 꽃도 두 송이 정도 추가하면 승객에게 좋은 인상을 남길 수 있지 않을까 생각합니다.

추천 기내식에도 갖춰야 할 조건이 있다!

1. 냄새가 너무 나는 메뉴는 피한다

   한정된 공간에서 냄새가 빠지지 않고 계속해 남아 있으면 모두가 괴롭다.

2. 소화가 잘되는 메뉴면 OK!

   기내식은 소화가 잘되는 음식이라야 한다. 너무 기름지거나 먹고 나서 속이 거북한 음식은 기내식이 되기 어렵다. 예를 들어 떡은 소화가 잘 안 되는 음식이다. 따라서 떡볶이는 기내식으로 좋지 않다.

3. 항공사의 이미지에 맞는 것을!

   항공사 이미지에 맞는 기내식을 추천하자. 분식류는 대한항공, 아시아나항공과 어울리지 않는다.

4. 국물이 많으면 좋지 않다

   터뷸런스 상황에서 뜨거운 국물이 있는 메뉴를 서브한다면 자칫 화상 사고로 이어질 수 있다.

5. 쉽게 데울 수 있는 메뉴라야

   식감이 중요한 메뉴는 추천할 수 없다.

나만의 답변노트

30 우리 항공사의 항공동맹체('스카이팀'이나 '스타얼라이언스')에 대해서 말해 주십시오.

세계 27개 항공사가 결성한 스타얼라이언스는 굉장히 많은 연결 구간 비행에 유리합니다. 승객은 190개국 이상, 1300개 도시 이상을 여행할 수 있습니다. 특히 아시아와 유럽 노선이 많습니다. 규정도 간단해 첫 세계 일주를 하는 승객도 스타얼라이언스 가입 항공사를 이용해 편리한 여행이 가능합니다. 마일당 요금이 정해지는 특징을 가지고 있습니다.

스카이팀은 에어프랑스가 강점을 보이는 서부아프리카, 대한항공이 직항으로 취항하는 케냐와 몽골, 러시아 쪽을 주로 다니는 승객에게 큰 호응을 얻을 수 있습니다.
스카이팀은 목적지와 항공편이 더 많으며, 승객에게 연결성이 뛰어난 광범위한 글로벌 네트워크를 제공합니다. 따라서 여행자는 항공권 한 장으로 두 개 이상의 항공사를 통한 여행 계획을 짤 수 있습니다. 또한 네트워크를 통해 상용 승객 마일리지를 획득하고 교환할 수도 있습니다.

항공동맹체에 소속된 항공사를 열거하는 것에 그치지 않고, 항공동맹체를 이용하는 승객의 관점에서 이용 편의성과 장점을 언급해 주면 좋다.

31 우리 항공사를 이용해 본 경험이 있습니까?

- **경험이 있다면** : 얼마 전 방콕에 가느라 ○○항공을 이용했습니다. ○○항공 승무원은 어떤 상황에서도 미소를 잃지 않았습니다. 자신을 컨트롤하는 능력과 모든 상황에 유연하게 대처하는 모습에, 역시 글로벌 항공사는 다르구나 하는 생각을 했습니다. 여러 승객의 요구에도 잘 대응하는 승무원 분들 모습이 지금도 생생합니다. 하나 아쉬웠던 점은 다섯 시간이 넘는 비행시간 동안 영화를 한 편만 상영해 준 부분이었습니다. 한 편 더 상영해 주었다면 긴 비행시간이 조금은 덜 지루했을 텐데, 라는 생각을 했습니다.

- **경험이 없다면** : 아쉽게도 아직 이용해 보지 못했습니다. 그러나 제가 웨딩드레스 숍에서 일할 때 ○○항공 승무원이 손님으로 오신 적이 있습니다. 드레스를 맞추는 과정에서 치수를 재던 제가 실수로 그분을 핀으로 찌른 사고를 낸 유쾌하지 못한 기억이 있습니다. 저는 순간 너무 놀라 어쩔 줄 몰랐는데, 그분이 먼저 제게 놀라지 않았냐고 물었습니다. 그 배려에 감동한 저는, 이런 분이 일하는 ○○항공 서비스를 언젠가 꼭 이용해 보고 싶다는 생각을 했습니다.

무조건적 찬사를 나열해 좋은 비행이었다고만 하면 면접관에게 좋은 점수를 받기 힘들다. 다른 지원자의 답변과 차별화되는 부분이 없기 때문이다. 본인 생각에 탑승자 누구나가 불편하게 여겼을 법한 점을 현실적인 관점에서 언급한다면, 단점을 들더라도 좋은 점수를 기대할 수 있을 것이다.

지원하는 항공사를 이용한 경험이 없다면, 아직은 없다고 운을 뗀 뒤 밖에서 본 지원 항공사 승무원에 대한 좋은 인상을 언급하고 앞으로 이용해 보고 싶다는 바람을 내비치는 것이 좋다. 지인의 경험을 옮겨 전하는 방법도 괜찮은 전략이다.

나만의 답변노트

32 입사 후 포부에 대해 말해 주십시오.

○○항공 승무원 '눈가주름대상'을 받고 싶습니다. 얼마 전 나이든 외국항공사 직원을 본 일이 있습니다. 딱 봐도 중년인 나이에 세속적인 관점에서 미인도 아니었습니다. 하지만 그분은 늘 입가에 미소가 걸려 있었습니다. 그때 저는 그분 눈가에 자리 잡은 주름이 너무도 아름답게 여겨졌습니다. ○○항공 승무원이 된다면 저 역시 눈가 주름이 멋진 사람으로 기억되고 싶습니다. 심폐소생술, 응급처치사 등 고객의 안전을 책임질 자격증 공부도 할 계획입니다.

일반 기업 면접에서 면접관은 입사 후 포부를 묻는 질문에 지원자가 구체적으로 어떻게 할 것인지를 상세히 파고들기를 기대한다. "입사하게 된다면 HSK 몇 급을 따고 JLPT 몇 급에 도전하겠습니다."와 같은 답변이 이에 해당한다. 하지만 항공사 면접에서는 구체적인 미래 구상보다는 단어 하나하나에 힘을 실어 밝은 느낌으로 앞으로의 계획을 말하는 방식이 선호된다. 따라서 입사 후 포부를 묻는 질문에는 진심을 담아 밝게 이야기하도록 한다.

나만의 답변노트

1. 회사를 선택할 때 가장 중요시하는 것은 무엇입니까?

2. 우리 회사의 서비스 모토에 대해 말해 보십시오.

3. 우리 회사가 다른 항공사와 비교해 갖는 강점은 무엇이라고 생각합니까?

4. 우리 항공의 기내 특화 서비스는 무엇입니까?

5. 우리 항공사 마일리지카드 이름은 무엇입니까? 마일리지카드가 있다면 마일리지가 얼마나 쌓였습니까?

6. 최고의 항공사란 어떤 항공사입니까?

7. 다른 항공사에 지원해 본 적이 있습니까?

8. 환율/유가가 항공사에 미치는 영향은 무엇이라고 생각합니까?

9. 저비용 항공사에 대한 대응 전략을 말해 보세요.

10. A380의 특징 하나를 말해 주세요.

11. A380이 취항하는 지역 두 곳을 말해 주세요.

Unit 6

승무원에 대하여

33 승무원 지원동기에 대해 말해 주십시오.

승무원은 외국인이 처음 만나는 한국인이 될 가능성이 높습니다. 그렇기 때문에 한국인의 첫인상을 규정짓는 존재로서 책임감과 의무감이 큽니다. 저는 민간외교관으로서 외국인 승객들에게 한국인의 좋은 이미지를 심어 주고 싶습니다. 또한 승무원은 매번 다른 취항지로 비행을 하기 때문에 늘 새로움을 느낄 수 있습니다. 늘 새로움에 대한 설렘을 안고 일할 수 있을 것 같아 지원하게 되었습니다.

지원동기를 묻는 질문은 언뜻 가장 쉬운 듯하지만 알고 보면 가장 어렵고 중요한 질문이다. 지원자들이 승무원을 희망하는 이유가 거의 비슷해 답변 차별화가 힘들기 때문이다. 대체로 '여러 나라 문화를 체험할 수 있다', '세계 여러 나라를 여행할 수 있다', '아주 어릴 때부터의 꿈이다', '비행기를 처음 탄 날, 승무원의 아름다운 미소와 친절함에 감동받아 승무원이 되기로 마음먹었다', '승무원 상(像)이라는 말을 많이 들었다' 등이 단골 대답이다.
뻔한 답변을 듣느라 지쳐 있는 면접관에게 본인이 생각하는 승무원 이미지를 참신하게 설명한 후, 지원동기를 덧붙인다면 인상적인 답변이 될 것이다.

34 승무원에게 가장 중요한 자질은 무엇이라 생각합니까?

경청, 배려, 설득력 등 승무원에게는 많은 훌륭한 자질이 요구됩니다. 그중 승무원이 갖춰야 할 가장 중요한 자질은 어떠한 상황에서도 유연하게 대처할 수 있는 '상황 대처 능력'이라 말씀드리고 싶습니다. 승객이 컴플레인을 제기해도 유연하게 그 상황을 조율할 줄 아는 자세, 기내 응급상황 발생 시 당황하지 않고 침착하게 상황에 대처할 수 있는 자세가 승무원에게 있어 가장 중요한 자질이라고 생각합니다. 한정된 공간인 기내에서 승객의 안전과 서비스를 담당하는 사람이니만큼 상황 대처 능력만큼 중요한 자질은 없다고 봅니다.

승무원이 갖출 자질은 다음과 같다. 밝은 미소, 경청하는 자세, 어학 실력, 배려, 겸손, 글로벌마인드, 메모 습관, 기억력, 성실함, 체력, 설득력, 상황 대처 능력, 외향성, 긍정적 사고, 최고의 서비스 제공에 대한 의지, 팀워크, 리더십, 팔로어십 등이다. 열거한 자질 중 본인이 갖춘 자질을 드는 게 이 질문에 답하는 요령이다. 가장 중요한 자질을 물었으므로 자질 하나에 대해 자세히 말하도록 한다.

35 승무원이 갖는 장단점은 무엇입니까?

승무원 업무의 가장 큰 장점은 외국인이 처음 보는 한국인이라는 점에서 자부심을 가지고 일할 수 있다는 점입니다. 한국을 대표하는 얼굴이라는 점이 이 일의 가장 큰 매력이라고 생각됩니다.

단점은 유니폼 차림일 때는 내가 어디에 있든 항공사 대표가 된 듯 행동해야 하는 점입니다. 제게 승무원이 될 기회를 주신다면 유니폼을 입고 있는 동안에는 스스로를 걸어 다니는 ○○항공이라 여기고 기내에서든 밖에서든 신중하게 행동하겠습니다.

승무원의 장점은 여러 가지가 있다. 여러 나라를 다닐 수 있다, 급여가 높다, 사내 복지가 뛰어나다. 하지만 이런 장점은 자신만이 아닌 다른 지원자들도 생각할 수 있는 것이다. 못해도 중간만 되자는 마음이라면 위 세 가지 장점을 드는 것도 나쁠 게 없지만, 상위 랭커를 노린다면 상기한 장점이 아닌 다른 것을 찾을 필요가 있겠다.

단점이라면, 대다수가 체력, 계속 웃어야 한다, 경조사를 챙기지 못한다, 주말에 못 쉰다 정도를 말할 것이다. 하지만 이는 면접관이 면접 때마다 듣는 답변이다. 타 지원자들과 차별화를 원한다면 답변을 만들 때 한 번 더 고민해야 할 것이다.

36 승무원의 주업무인 안전 유지와 서비스 중 더 중요한 것은 무엇이라고 생각합니까?

승무원은 기내라는 한정된 공간에서 승객의 안전을 챙기고 서비스를 제공해야 합니다. 따라서 둘 모두 중요하다고 생각합니다. 하지만 그래도 조금 더 중요한 것을 꼽는다면, 저는 안전이라고 말씀드리겠습니다. 한정된 공간 안에서 승객을 목적지까지 안전하게 모셔다 드리는 존재가 승무원입니다. 먼저 안전이 보장된 상태에서 최고의 서비스가 이루어져야 한다고 생각합니다.

타 서비스직과 차별되는 항공서비스만의 영역에 안전이 있다. 승무원은 단순히 기내에서 승객에게 서비스만 하는 사람이 아닌, 기내에서 발생하는 모든 상황을 조율해야 하는 위치에 있는 사람이다. 그런 만큼 승무원 업무에서 그 어떤 것보다 중요한 것이 안전이라 말하고 싶다. 응급환자가 생겨도, 기체 결함으로 사고가 발생해도, 난기류를 만나도 승무원은 승객의 안전을 우선시해야 한다. 명품 항공사를 만드는 것은 명품 서비스가 아닌 명품급 안전이라 해도 과언이 아닐 정도로 기내 안전은 중요하다.

37 어떤 승무원이 되고 싶습니까?

- 예시1 : 저는 제가 승객에게 미소 짓기 전에 승객이 먼저 저를 보며 미소 짓는 승무원이 되고 싶습니다. 승객이 제게 무언가를 요청하기 전에 승객의 모든 것을 케어하는 세심함을 지닌 승무원이 되고자 합니다.

- 예시2 : '마흔을 넘긴 사람이라면 모름지기 자신의 얼굴에 책임져야 한다.' 에이브러햄 링컨의 말입니다. 이 경구처럼 승무원도 경력이 쌓이면 자신의 얼굴에 책임을 져야 합니다. 항상 미소 짓는 얼굴로 승객에게는 밝은 미소를, 동료에게는 재치와 유머를 전하는 승무원이 되고 싶습니다. ○○항공과 함께 꾸준히 성장하고 배워 나가겠습니다. 항상 경청하는 자세로 동료를 배려하고 승객에게 일관된 서비스를 할 수 있는 ○○항공 승무원이 되고 싶습니다.

지원자가 승무원을 향한 의지와 포부를 지니고 있는지 묻는 질문이다. 항공사와 객실서비스에 대한 헌신, 본인의 다짐과 열정을 드러냄으로써 자신을 충분히 보여 준다면 좋은 점수를 기대할 수 있다.

나만의 답변노트

1. 승무원이란 직업의 가장 큰 매력은 무엇이라고 생각합니까?

2. 승무원은 남들이 쉬는 공휴일에 근무를 하는데 여기에 대해 어떻게 생각합니까?

3. 입사 후 앞으로 몇 년 정도 근무할 생각입니까?

4. 남자친구가 승무원이 되는 데 반대한다면 어떻게 하겠습니까?

5. 승무원 업무를 어떻게 잘 해낼 생각입니까?

6. 승무원 업무가 적성에 맞지 않는다고 느끼게 된다면 어떻게 하겠습니까?

7. 근무하지 않을 때 승무원이 밖에서 지켜야 할 매너나 에티켓에는 어떤 것이 있을까요?

8. 본인이 승객이라면 승무원이 하지 말았으면 하는 행동은 무엇입니까? 본인이 승무원이라면 승객들이 승무원 말고 뭐라고 불러 주었으면 합니까?

9. 나이 많은 사람들이 승무원 입사를 준비하는 것에 대해 어떻게 생각합니까?(나이 차이로 인한 선후배 갈등을 어떻게 해결하겠습니까?)

Unit 7

항공사 입사 준비
과정에 대하여

38 항공사 입사를 준비하는 과정에서 가장 큰 비중을 둔 것은 무엇입니까?

제가 입사를 준비하면서 가장 큰 비중을 둔 것은 서비스마인드입니다. 3년간 패밀리레스토랑에서 근무한 경험이 있는 저는, 웬만한 상황에도 당황하지 않고 유연하게 대처할 수 있습니다. 패밀리레스토랑에서 고객을 대할 때처럼, 승무원이 된다면 항상 승객을 향해 미소를 짓겠습니다. 제가 눈을 마주치고 고객에게 미소를 건네는 횟수만큼 승무원으로서의 지혜도 풍부해진다고 생각합니다. 고객 한 분 한 분을 소중히 여기고, 시간이 흐를수록 지혜로워지는 승무원이 되겠습니다.

누구나 준비된 사람을 좋아한다. 면접 전까지 지원자는 승무원으로서 갖출 자질을 파악하고 그에 맞게 준비돼 있어야 한다. 승무원이 되기 위해 무엇을 배우고 습득하였나를 묻는 질문인데, 대부분이 체력과 경력, 어학 실력에 대해 말할 것이다. 타 지원자보다 체력이 좋다면 승무원의 자질 중 체력이 중요하다고 말한 뒤 그에 부합되는 내용을 이야기하는 게 좋다. 다르게 해석하면 본인을 마음껏 세일즈해 보라는 질문이 될 수 있겠다.

39 지난번 지원 때보다 개선된 점은 무엇입니까?

- 개선된 경우 : 먼저 승무원에게 있어 필수 자질이라 할 어학 능력을 많이 향상시 켰습니다. 또한 승무원은 승객의 컴플레인에 유연하게 대처해야 한다고 생각해 서비스 관련 직종 경력을 좀 더 쌓았습니다.

- 개선된 점이 없는 경우 : 지난번 응시에서는 합격해야 한다는 마음만 너무 앞섰 습니다. 혼자 많은 걸 이야기해야 한다는 생각에 사로잡혀 면접관님과 다른 지원 자들을 배려하지 못했습니다. 지금의 저는 그때와 다른 제 솔직한 모습을 보여 드리고자 이 자리에 와 있습니다.

지난번과 이번 지원 사이에 긍정적인 변화가 생겼다면 다행이지만 그렇지 못한 지원자도 있을 것이다. 과거와 현재 사이에 어학 실력이나 경험 면에서 차이가 있다면 이를 승무원 업무와 연결시켜 말하도록 한다. 하지만 큰 차이랄 게 없다 면 지원자는 면접관에게 '없다'고 하기보다 '그때는 합격해야 한다는 욕심만 앞 서 면접관과 다른 지원자들을 배려할 만한 여유를 갖지 못했다. 그래서 내가 하 고 싶은 이야기만 하는 우를 범했다. 하지만 지금은 아니다.'라는 식의 설명을 더하도록 한다.

나만의 답변노트

40 평소 어떻게 영어를 공부합니까?

줄곧 영어에 관심이 많았던 저는 고등학교 때부터 지금까지 하루 1시간씩 영어를 공부해 왔습니다. 꾸준한 학습 덕분에 지금의 저는 외국인 승객에게 서비스로 감동을 전할 만큼의 실력을 갖추었습니다. 외국어 공부에는 반복 학습만 한 게 없다고 보기에 매일 영어를 공부하고 접하고자 애씁니다. 잠시라도 손을 놓으면 언어에 대한 감을 잃기 쉽기에 그룹스터디와 EBS 라디오 청취를 병행하며 감각을 유지하고 있습니다.

영어 공부의 본질적인 목적은 영어 사용 국가의 문화와 경제 등을 파악하는 것이다. 항공사 입사에서 외국어는 필수 요건 중 하나이다. 이런 필수 요건인 영어를 어느 정도로 꾸준히 공부하고 있는지 설명하면 된다. 어학연수나 유학이 영어 공부의 왕도는 아니다. 생활 속에서 영어를 익히는 나만의 작은 습관이나 방법을 들면 좋을 것이다. 승무원 생활에서 영어는 기업의 이윤을 창출하는 수단이며, 외국인 승객과 소통하는 기본적인 도구가 된다. 고로 영어 공부의 목적이 보다 나은 이윤 추구에 있다고 봐도 과장은 아니다.

나만의 답변노트

1. 이전에 지원한 적이 있는데, 어떤 질문 받았으며, 대답은 잘했습니까? 못했다면 다시 말할 기회를 주겠습니다.

2. 여러 번 지원했는데 왜 떨어졌다고 봅니까? 바뀐 점은 무엇입니까?

3. (토익점수가 높은 지원자에게) 토익 공부를 어떻게 했습니까?

4. 어떻게 하면 면접에서 합격할 수 있을지, 생각해 봤습니까? 본인이 면접관이라면 어떤 사람을 뽑겠습니까?

5. 승무원을 어떻게 준비했으며, 중점적으로 준비한 부분은 무엇이고, 어떻게 노력했나요?

6. 그룹스터디를 하고 있는지(도움이 됐는지), 면접 준비 어떻게 했는지?

7. 승무원 양성 학원에서는 무엇을 배웠습니까? 학원이 도움이 되었다고 봅니까?

8. 승무원 입사 준비하면서 힘들었던 점은?

Unit 8

서비스

41 자신의 서비스마인드에 대해 말해 보십시오.

저는 서비스를 '자장가'라는 단어로 표현하고 싶습니다. 아기는 요람에서 어머니의 자장가를 들으며 편안히 잠에 빠집니다. 이와 같이 승객 한 분 한 분에게 편안하고 안락한 서비스를 제공하고 싶습니다. 승객들의 피곤한 여정에 편안함을 선사하기 위해 보이지 않는 부분까지 세심히 서비스하겠습니다. 정성어린 손길 하나하나가 기억에 남는 서비스를 승객 분들에게 보여 드리겠습니다. 감사합니다.

자신이 생각하는 서비스가 무엇인지를 묻는 질문이다. 대답할 때 주의할 점은 '봉사'라는 단어 사용은 곤란하다는 것. '내가 큰돈 들여 외식하는데 일하는 직원들이 내게 봉사활동을 하는 것인가?'라고 묻는다면, 어느 누구도 '그렇다'고 답하지 않는다. 항공사 고객도 마찬가지이다. 대가를 지불하고 탑승한 승객에게 승무원은 경청하는 자세와 배려를 보여 주는 존재가 아니다. 승무원은 승객이 원하는 서비스를 응당 제공해야 하는 사람이다. 적절한 비유를 사용해 답변을 만든다면 좋은 점수를 받을 수 있겠다.

42 자신이 생각하는 최고의 서비스는 무엇입니까?

- 예시1 : 고객에게 추억거리를 안기는 것이 최고의 서비스라고 생각합니다. '기억은 잊기 쉬우나, 추억은 결코 떠나가지 않는다'는 말이 있듯, 승객에게 영원히 남을 추억이 될 비행 경험을 제공하고 싶습니다. 항상 귀 기울이는 자세로 승객으로 하여금 기내라는 공간을 세상에 하나뿐인 추억의 장소로 기억하게 만드는 것입니다.

- 예시2 : 최고의 서비스는 승무원이 승객에게 미소 짓기 전 승객이 먼저 승무원에게 미소 짓게 되는 것이라고 생각합니다. 승객을 세심히 살펴 승객이 요구하기 전에 필요한 것을 한 발 앞서 제공하는 것입니다. 언젠가 식당에서 함께 밥을 먹던 친구가 과식을 한 적이 있습니다. 친구는 체한 것 같다며 인상을 찌푸릴 뿐이었는데, 어떻게 알았는지 사장님이 친구에게 소화제를 가져다주었습니다. 그때 친구와 전 사장님의 서비스에 고마웠고 기뻤습니다.

본인이 생각하는 최고의 서비스를 꼽으면 되겠다. 상황과 맞는 경구를 인용하거나, 최고의 서비스로 기억에 남은 경험을 예로 들어도 좋다. 주의할 점이라면 '명품 서비스'라는 표현을 남발하지 말라는 것. 이는 대한항공이 만든 말이므로 타 항공사 면접에서 명품 서비스 운운한다면 좋은 점수를 받기 어렵다.

나만의 답변노트

43 최악의 서비스를 받아 본 적이 있습니까?

소셜커머스를 이용해 레스토랑에 간 적이 있습니다. 그 레스토랑에서 저희는 한 끼 식사가 아닌 눈칫밥을 먹어야 했습니다. 음식량은 기준량에 턱없이 못 미쳤고, 직원들의 서비스는 차가웠습니다. 이에 컴플레인을 걸자 직원이 말하길 소셜커머스로 오셨는데 뭘 더 바라느냐고 했습니다. 그 말에 적지 않은 충격을 받았고 기분이 상한 것은 물론입니다. 사람에겐 자신도 의식하지 못하는 서비스 기대치가 있다고 합니다. 저는 이런 말도 안 되는 서비스가 아닌 승객의 예상치를 뛰어넘는 서비스를 제공하는 승무원이 되도록 하겠습니다. 감사합니다.

최악의 서비스를 받은 경험을 묻는 질문에는 동요할 것 없이 자신이 받은 기분 나쁜 서비스 일화를 들려주면 된다. 소셜커머스에 대한 이용자 불만이 많은 요즘, 이 같은 상황에 대한 경험담은 좋은 예가 될 수 있겠다. 답변을 마무리하며 '사람들은 누구나 서비스에 대한 기대치를 갖고 있으므로 항상 그 기대치를 뛰어넘는 서비스를 제공하도록 노력하는 승무원이 되겠다' 고 언급해 주면 답변에 대한 적절한 문제 대처까지 더한 좋은 답이 된다.

44 항공서비스란 무엇이라고 생각합니까?

하늘이라는 공간에서 승객과 가장 가까이 소통할 수 있는 서비스컨설턴트 이미지입니다. 긴 역사를 자랑하는 육로와 해로를 이용한 운송수단과 달리 하늘의 운송수단인 비행기는 역사는 짧지만 인간의 날고자 하는 욕망을 충족시키는 수단입니다. 또한 한정된 공간에서 승객들의 필요를 충족시켜야 하는 만큼 다른 운송수단과 비교할 때 서비스를 담당하는 승무원의 역할이 중요합니다. 하늘에서 승객이 느낄 수 있는 긴장과 불안을 덜어 드리고, 또 한정된 공간에서 100퍼센트의 승객 만족을 끌어내는 것이 승무원의 편안한 미소와 센스 있는 서비스, 곧 항공서비스입니다.

서비스의 정의에 대해 묻는 질문 유형 중 하나. 이 질문에 답하려면 항공서비스가 일반적인 서비스와 다른 점을 먼저 파악하고, 그 차이점에 자신의 생각을 덧붙이는 게 좋은 전략이 되겠다. 항공서비스가 갖는 특징은 한정된 재화와 안전성이다. 한정된 재화와 안전성에 대해 조금 길게 풀어 말한다면 면접관에게 좋은 인상을 줄 수 있을 것이다.

나만의 답변노트

1. 서비스를 한 단어로 표현한다면 뭐라고 하겠습니까?

2. 자신이 받고 싶은 서비스는 무엇입니까?

3. 서비스를 하면서 많이 듣는 '손님은 왕이다!' 라는 말에 대해 어떻게 생각
   합니까?

4. 자신이 서비스직과 잘 맞는다고 생각한 경험이 있는지?

5. 서비스업종에서 일하면서 기억에 남는 일은?

6. 꼴불견 손님에게 어떻게 대응합니까?

7. 승객을 다루는 나만의 비법은?

8. 비행기를 탔을 때 마음에 안 들었던 서비스는 무엇인가요?

Unit 9

생각과 가치관,
면접 당일에 생긴 일 및
긴장 완화용 질문

(살면서/최근) (가장 잘한 일/제일 중요하게 여기는 가치/화가 났던 일/긍정적으로 이겨낸 경험/가장 기뻤던 순간/가장 후회되는 일)을/를 말해 주십시오.

최근 화가 났던 일입니다. 작년 말 제가 일하던 패밀리레스토랑에서 한 중소기업 직원들이 송년회를 한 적이 있습니다. 다른 때보다 일손이 모자랐던 탓인지 일을 마친 뒤 저는 극심한 피로를 느꼈습니다. 집으로 돌아가는 버스 안에서 잠이 들어 내릴 역을 지나쳐 버스 종점까지 가고 말았습니다. 순간 정신을 차리지 못한 저에게 약간 화가 났습니다. 가진 돈이라곤 현금 오천 원이 전부였습니다. 어쩔 수 없이 저는 지나가는 차를 얻어 타야 했고 새벽 늦게야 집으로 돌아올 수 있었습니다. 하지만 덕분에 모르는 사람에게 부탁하는 배짱과 요령을 터득할 수 있었습니다.

지원자의 감정 컨트롤 방법을 묻는 질문이다. 연예나 정치, 비즈니스 쪽으로 주제를 끌어 간다면 좋은 점수를 받기 어렵다. 그렇다고 진짜 화가 난 일을 대책 없이 말한다면, 면접관은 당신을 감정 컨트롤이 안 되는 사람으로 기억하게 된다. 누구나 이해 가능한 경험을 적당히 풀어 들려주는 것이 답변하는 요령이며, 이런 점 때문에 이런 것도 배울 수 있었다고 부연한다면 그보다 좋은 답변은 없을 것이다.

나만의 답변노트

46 존경하는 인물은 누구입니까?

올레 커크 크리스티안센입니다. 크리스티안센은 레고를 만든 사람으로, 처음 그가 레고로 집을 짓겠다고 할 때 그 가능성을 믿는 사람은 아무도 없었지만, 수백만 개의 레고를 하나하나 쌓아 보란듯이 완성해 보였습니다. 승무원으로서 고객을 대하는 일에도 이러한 도전 정신이 필요하다고 생각합니다.

존경하는 인물을 묻는 질문에 대한 가장 안 좋은 답변은 지원자만 아는 사람을 말하는 것이다. 부모님이나 자기만 아는 목사님, 할머니, 전직 항공사 승무원 같은 인물은 피하도록 한다. 널리 알려진 사람을 들면 좋은 점수를 받을 수 있을 것이다(하지만 정치인은 피한다). 김난도, 한비야, 유재석, 강호동, 오프라 윈프리, 스티브 잡스 같은 경우는 너무 많은 사람들의 우상이므로, 차별성을 추구한다면 피해 가야 할 인물들이다. 다들 어렴풋이 알고는 있지만 자세히는 모르는 인물을 택하는 게 전략이라면 전략이다.

47 당신의 생활신조(혹은 직업관)는 무엇입니까?

'한 가지 경험은 한 가지 지혜를 낳는다.' 입니다. 하나를 경험하고 실천하지 않으면 지혜 하나를 얻을 수 없다고 생각합니다. 눈을 마주치고 미소 지어 드리는 고객이 한 분 한 분 늘수록 승무원으로서 지혜도 풍부해진다고 믿습니다. 고객 한 분 한 분을 소중히 여기고, 시간이 흐를수록 더 지혜로워지는 승무원이 되겠습니다.

면접자의 목표와 취향을 묻는 일반적인 질문 중 하나이다. '이런 생활신조를 바탕으로 나는 이런 사람이 되겠노라' 는 걸 이야기하는 게 좋은 점수를 받는 길이다.

'앞만 보고 가자 내 인생에 뒤는 없다', '지금 자면 꿈을 꾸지만 지금 공부하면 꿈을 이룬다', '남과 같이 해서는 남 이상 될 수 없다', '공부를 못하는 건 시간이 부족해서가 아니라 노력이 부족해서다', '피할 수 없는 고통이면 즐겨라', '시간은 멈추지 않고 흐른다' 등의 진부한 유형보다는 '사장님이 보고 있다', '세상의 모든 사람은 예술작품이다' 라는 식의 신조가 자신의 위트를 어필하는 데 유용하다 하겠다.

나만의 답변노트

48 면접을 끝낸 뒤의 계획은 무엇입니까?/면접이 끝나고 누구와 어떤 계획이 있습니까?

면접이 끝나면 가족과 식사를 할 예정입니다. 사실 오늘 면접의 설렘 때문인지 아침을 제대로 먹지 못하고 나왔습니다. 곧 면접이 끝나면 인사동으로 넘어가 가족과 한정식을 먹을 계획입니다. 유명한 한정식집을 알고 있는데 다음에 기회가 된다면 면접관님과 함께 가고 싶습니다.

일상적인 것을 묻는 질문. 이 질문에는 튀려고 애쓰기보다 차분히 답하는 쪽을 권한다. 식사 말고도 "친구들과 함께 커피를 마시며 얘기를 나누고 싶습니다.", "면접 내내 설렌 마음을 달랠 필요가 있어 운동을 할 예정입니다.", "친구와 명동으로 쇼핑을 나가 볼까 생각 중입니다.", "서점에 들러 새로 나온 책을 구입할 생각입니다.", "면접 오는 길에 휴대폰이 고장 났습니다. 먼저 휴대폰부터 고치러 가야겠습니다.", "강아지와 함께 산책을 나갈까 합니다.", "중요한 날인 만큼 전날 잠을 깊게 못 잤습니다. 얼른 집에 가서 낮잠을 자고 싶습니다.", "예약해 둔 영화가 있어 남자친구와 영화를 볼 예정입니다.", "레스토랑을 예약해 근사한 식사를 할 생각입니다." 이렇게 일상적인 무난한 답을 하도록 한다.

이 조에서 단 한 명만 합격할 수 있다면/떨어져야 한다면, 그게 누가 돼야 한다고 생각합니까?

- 한 명만 합격해야 한다면 : 저는 제 바로 옆에 있는 지원자 분이 합격했으면 합니다. 웃는 모습도 그렇고 목소리와 자세까지 승무원에 적합하다고 생각합니다. 답변을 들어 봐도 서비스 만큼은 끝내주게 잘할 것 같은 지원자라는 것을 알 수 있었습니다.
- 한 명만 떨어져야 한다면 : 모두가 희망과 설렘을 안고 여기까지 올라온 사람들입니다. 그런 까닭에 여기 있는 모두가 승무원이 되었으면 합니다. 하지만 굳이 꼽으라 하시니 말씀드리자면, 한 분 건너 있는 지원자 분이 준비가 덜 되지 않았나 생각해 봅니다. 아직까지는 상황에 대처하는 스킬이 조금 부족하신 듯합니다.

이 질문에 지원자는 자신이 아닌 다른 지원자를 선택하는 게 좋은 점수를 받는 길이다. '누가 합격했으면 좋겠냐' 는 질문에 자신을 지목하면, 승무원 면접에서는 욕심이 많은 지원자로 보여 좋은 인상을 주지 못한다.

'누가 떨어져야 하는가' 라는 질문에도 마찬가지이다. 면접관은 대개 일고여덟 번째 지원자에게 이 질문을 던지는데, 다른 지원자의 대답을 경청하는 태도가 특히 필요한 게 이 질문 때문이다. '저 지원자는 아직 어리고 기회가 많다' 는 식의 답변은 좋은 점수를 받기 어렵다. 한 명의 불합격자를 택했다면 그 이유를 명확하게 설명해야 한다.

나만의 답변노트

50 마지막으로 하고 싶은 말이 있다면 하십시오.

'영향을 주는 사람이 되자.'가 신조인 제 이름은 이미지입니다. 다른 사람의 인생에 영향을 미칠 때 그 사람의 인생은 비로소 의미를 갖는다고 합니다. ○○항공에서 세심하고 일관된 서비스로써 저는 승객 한 분 한 분에게 비행 내내 아름다운 영향력을 끼치고 싶습니다. ○○항공에서 승객과 가장 가까이 소통하는 서비스컨설턴트가 되도록 하겠습니다. 면접관님, 오늘 수고하셨습니다. 감사합니다.

면접이 끝나 갈 무렵 지원자의 마음 상태는 위축되거나 흐트러지기 쉽다. 하지만 마지막 순간까지 미소와 공수자세를 유지하며 최선을 다하는 모습을 보여야 한다.

마무리 단계에서 마지막으로 하고 싶은 말을 해 보라는 말에는 자신을 어필할 만한 말을 덧붙인다. 자신의 평소 모습에 대해 솔직하게 말한다면 좋은 점수를 기대할 수 있다. '면접관님, 수고 많으셨습니다' 와 같은 인사말은 면접관에 대한 지원자의 배려를 보여 주는 동시에 모든 대답을 정리하는 닫는 말로 손색이 없다 하겠다.

1. 결혼 상대를 고를 때 가장 중요하게 보는 것은 무엇입니까?

2. 부모님에게 영향을 받은 것은 무엇입니까?

3. 최근 일주일 내 아버님과 대화한 적이 있다면, 그 내용을 말해 줄 수 있습니까?

4. 자신의 인생관을 간단하게 말해 보겠습니까?

5. 한 달에 용돈을 얼마나 씁니까?

6. 자주 보는 TV 프로그램은 무엇입니까?

7. 좋아하는 스포츠 팀이나 선수에 대해 말해 보세요.

8. 과정과 결과 중 어느 것이 더 중요하다고 생각합니까?

9. 본인이 승무원 되는 것을 부모님이 바라십니까?

10. 서울에서 외국인에게 소개하고 싶은 곳을 말해 보십시오.

11. 성형수술에 대한 자신의 의견을 말해 보세요.

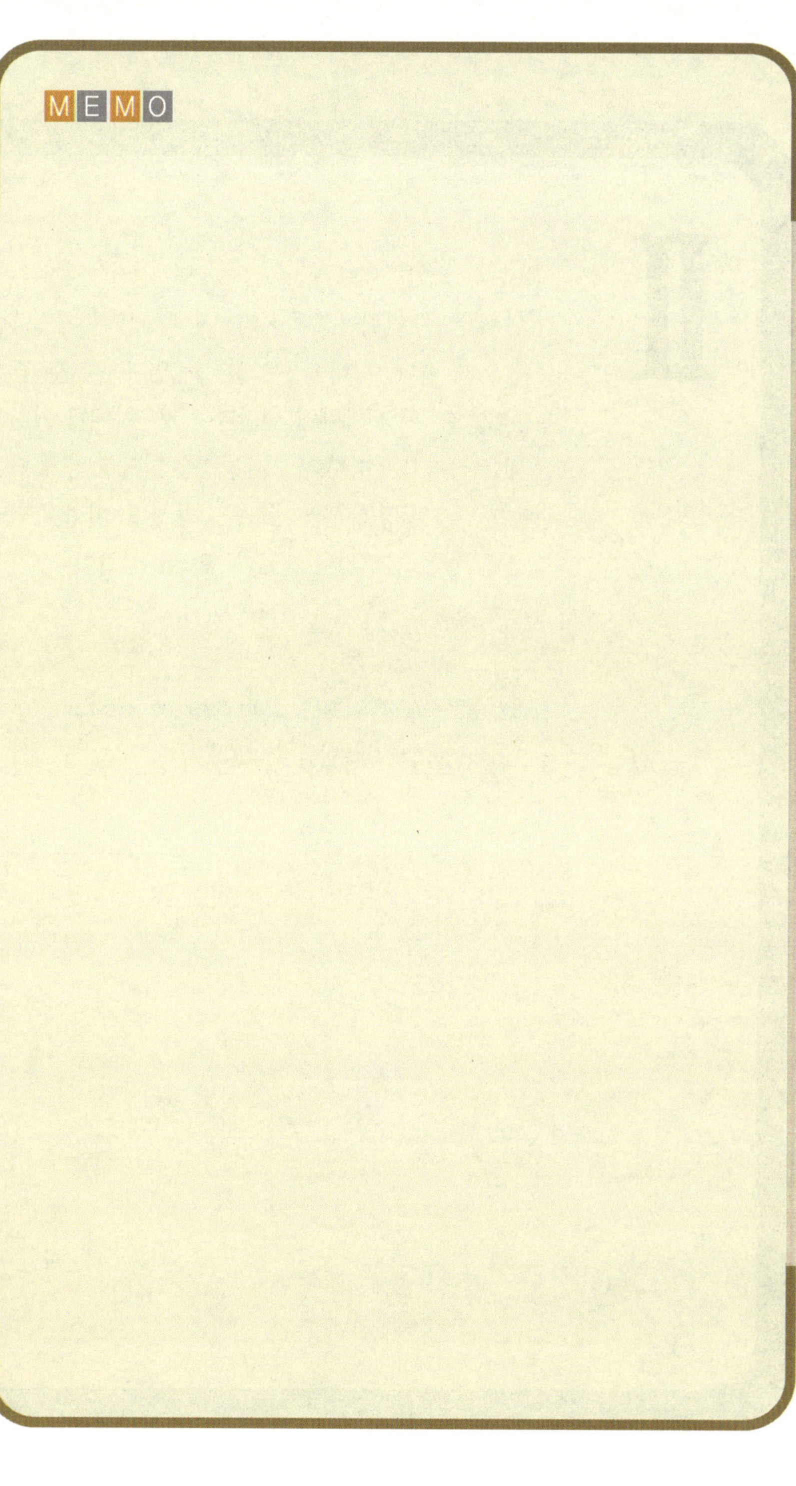
MEMO
MEMO

II

대한항공은 임원면접에서 지원자에게 영문 기내방송문을 읽게 한다. 기내방송문 읽기는 입사 후 훈련받는 부분이므로, 이 단계에서 면접관이 지원자에게 기대하는 것은 완벽함이 아니다. 기내방송문 읽기를 통해 면접관은 지원자의 영어 실력 정도를 가늠한다. 따라서 익숙지 않은 발음 굴리기나 전문가 흉내는 금물이다. 자신 있는 목소리로 차분하게 읽도록 하자.

기내방송문 MP3 파일은 cafe.daum.net/cabincrew-groupstudy에서 내려받을 수 있다.

기내 방송문

01 기내방송문 읽는 방법

1) 평소보다 목소리를 한 톤 올려 읽는 연습을 한다. 좀 더 맑은 소리가 나온다.
2) 기내방송문 위에 펜으로 강세와 억양을 체크해 두고 읽는 연습을 한다. 그러면 발음이 훨씬 좋아진다.
3) 자신 있는 목소리로 차분하게 읽는다. 면접관이 요구하는 모습이다.
4) 항공사 이름, 편명, 시간, 목적지 등과 같은 중요한 정보를 담고 있는 부분은 다른 부분보다 반 박자 느리게 읽는다. 보다 정확하게 들린다.

• 편명 읽기

– 숫자를 한 자리 단위로 끊어 읽으며 '0' 은 'ZERO' 로 읽는다. 단, 0이 숫자 중간에 있는 경우 0을 [OU]로 읽어도 된다.

예 902편 : NINE ZERO TWO(O), NINE O TWO(O), NINE HUNDRED TWO(X), NINE TWO(X)

• 날짜 읽기

– 요일 → 달 → 일 → 연도 순으로, 날짜는 서수로 읽는다.
– 1일부터 3일까지는 First, Second, Third로 읽으며 4일부터는 기수에 th를 붙인다.

5th → fifth, 9th → ninth, 17th → seventeenth

예 2013년 5월 1일 수요일 : Wednesday, May 1st, 2013

• 시간 읽기

– 시 → 분 순서로 기수로 읽는다.

예 7시 20분 : Seven Twenty

– 정각은 o'clock을 붙여도 좋다.

예 11시 : Eleven o' clock

– 시간 뒤에 오전은 AM이나 in the morning을, 오후는 PM 또는 in the afternoon, 혹은 in the evening(6시 이후)을 붙이도록 한다.

예 오전 7시 : Seven AM 혹은 Seven in the morning

오후 5시 : Five PM 혹은 Five in the afternoon

오후 7시 : Seven PM 혹은 Seven in the evening

5) 어색하게 발음을 굴리거나 전문가 흉내를 내지 않는다. 오히려 감점 요인이 될 수 있다.

6) 모든 단어를 또박또박 읽기보다 연음에 유의해 읽는 연습을 하고, 몇 단어씩 끊어 읽는 연습을 하면 더욱 유창하게 들린다.

02 기내방송문 읽기

1) PREPARATION FOR DEPARTURE

Ladies and gentlemen. This is Korean Air flight ____ bound for ____ .
We are just (a few/____) minutes away from departure.
Please make sure that your carry-on items are stored in the overhead
bins or under the seat in front of you.
Also, please take your assigned seat and fasten your seat belt.
Thank you.

2) WELCOME (국제선)

Good morning (afternoon/evening) ladies and gentlemen.
Captain (family name) and the entire crew would like to welcome you
onboard Korean Air, a SkyTeam member.
[공동운항] code-sharing with ____(Airlines)
Our flight time today will be ____hour(s) and ____ minute(s) after take-
off.
현지 승무원 탑승 시
[일반적인 경우] We have (a) (Name of Country) based cabin crew on
board.
[운항노선의 언어 구사 가능한 기타 지역 현지 승무원이 탑승한 경우] We have
(a) (Name of Country) based cabin crew on board / to further assist you
in (Language).
During the flight, our cabin crew will be happy to serve you in any
way we can.
[기내 판매 전담 승무원 탑승 시]
Also, due to the limited flight time today, we will be taking your duty
free orders in advance.

Please make your order with our duty free sales crew after take-off and you will be assisted after the meal service.

To prepare for departure, please fasten your seat belt and return your seat and tray table to the upright position.

We also ask you to turn off all mobile phones as they can interfere with the aircraft's navigational system.

And please direct your attention for a few minutes to the video screens (cabin crew) for safety information.

3) SEAT BELT SIGN OFF (국제선)

Ladies and gentlemen.

The captain has turned off the seat belt sign.

In case of any unexpected turbulence, we strongly recommend you keep your seat belt fastened at all times while seated. Please use caution when opening the overhead bins as the contents may fall out.

Please refer to the Morning Calm magazine in your seat pocket for information about SKYPASS membership. If you wish to join, please ask our cabin crew.

[AVOD 장착 기종: 중/장거리 운항 시]

For your comfort, Korean Air now presents a stretching video available on our in-flight entertainment system. You can watch it through your individual monitor at any time during the flight.

[A380 기종 5시간 이상 중/장거리 운항 시]

Also, on this aircraft, there is an onboard duty-free showcase / offering a selection of products, / located at the end of the first deck. You can actually see the items and get information before purchasing. We hope you enjoy this unique midair shopping experience. Thank you.

4) SEAT BELT SIGN OFF (국내선)

Ladies and gentlemen.

The captain has turned off the seat belt sign.

In case of any unexpected turbulence, we strongly recommend you keep your seat belt fastened at all times while seated. Please use caution when opening the overhead bins as the contents may fall out. Please refer to the Morning Calm magazine in your seat pocket for information about SKYPASS membership. If you wish to join, please ask our cabin crew.

[E-SKYSHOP 홍보 안내]

We would also like to inform you that Korean Air's souvenirs are available by filling out the order form in the cabin or on-line shopping. If you need any assistance, our cabin crew is happy to help you. Thank you.

5) IN-FLIGHT SALES

Ladies and gentlemen,

Our in-flight duty free sales have started and you may now purchase duty free items or order items for your return flight.

Passengers transferring from (국가명) should contact with cabin crew when purchasing duty free liquor items.

For more information, please refer to the 'Sky Shop' magazine in your seat pocket.

If you need any assistance, our cabin crew is happy to help you.

[면세 허용량 (독일, 태국은 반드시 실시. 기타 국가는 필요 시)]

We would like to remind you that the duty free allowance for (country) is ＿＿ bottle(s) of liquor and ＿＿carton(s) of cigarettes.

[다음 구간이 면세품 판매 불가 구간인 경우]

Also, we would like to let you know that duty free sales will not be available on the next portion of our flight, between＿＿and＿＿.

[ICN/TAS, CAI/TAS 구간]

Passengers continuing on to (＿＿) with us must comply with the regulations regarding how passengers carry liquids or gels on board the aircraft. If you want to buy duty free items, please purchase them on the next flight portion, between ____and____.

6) IN-FLIGHT SALES (카트 판매 종료 안내)

Ladies and gentlemen,

We would like to remind you that you may purchase duty free items at any time during the flight.

[출발편]

Also, if you would like to order duty free items for your return flight, please contact one of our cabin crew who will be happy to help you.

7) IN-FLIGHT SALES(종료 안내)

Ladies and gentlemen,

We regret to announce that we have to close our duty free sales in preparation for landing.

Your understanding is appreciated.

8) TURBULENCE (1차)

Ladies and gentlemen,

We are experiencing turbulence.

Please return to your seat and fasten your seat belt.

9) ARRIVAL INFORMATION : KOREA

Ladies and gentlemen,

[중/장거리 노선] We will now collect headphones and magazines.

All passengers entering Korea are requested to have your entry documents ready. If you are carrying foreign currency more than 10,000 US dollars, or if you acquired more than 400 US dollars worth of articles abroad, please declare them on the customs form.

[필요한 경우]

For your information, our flight number is KE ____ and today's date is ____.

10) ARRIVAL INFORMATION : CHINA

Ladies and gentlemen,

[헤드폰 제공 시] We will now collect headphones and magazines.

To enter China, all passengers are required to fill out an arrival card. We recommend you complete this document before you leave the airplane. Also, we would like to remind you that according to government regulations, any type of lighters, matches, or liquid items including the alcoholic beverage are not permitted to be brought into the cabin when you leave China.

Any liquid items should be checked-in.

[필요한 경우]

For your information, our flight number is KE____ and today's date is ____ .

11) ARRIVAL INFORMATION : USA/GUAM

Ladies and gentlemen,

We will now collect headphones and magazines.

To enter the United States (/Guam), please have your entry documents ready.

[필요한 경우]

For your information, our flight number is KE ____ and today's date is ____ .

If you need any assistance, please ask our cabin crew.

Thank you.

12) APPROACHING

Ladies and gentlemen,

We are approaching (공항명) airport.

At this time, we ask you to please store your carry-on items in the overhead bins do under the seat in front of you.

Thank you for your cooperation.

13) LANDING

Ladies and gentlemen,

We will be landing shortly.

Please fasten your seat belt, return your seat and tray table to the upright position.

Also please discontinue the use of electronic devices until the captain has turned off the seat belt sign. Thank you.

14) FAREWELL - GENERAL

Ladies and gentlemen,

We have landed at (공항명) (international) airport.

[30분 이상 지연/기상, 천재지변 등 당사 귀책사유가 아닌 경우]Today we are delayed due to —.

The local time is now (___:___) a.m/p.m, (month/date)

For your safety, please remain seated until the captain has turned off the seat belt sign. Also, please be careful when opening the overhead bins as the contents may fall out. Please remember to take all of your belongings with you when you leave the airplane.

Thank you for choosing Korean Air, a member of the SkyTeam alliance and we hope to see you again soon on your next flight.

감사합니다. 안녕히 가십시오.

아직 승무원이 아닌 지원자에게 기내에서 발생 가능한 다양한 상황을 가정해 묻고 답하는 단계로, 정확한 규칙이나 완벽한 해결책을 제시하려 애쓸 필요는 없다. 물론 기존의 답변과 다른 신선한 답을 하는 것도 좋지만, 그보다 승객과 동료를 배려하는 태도와 표현을 전달하는 것이 더 좋은 점수를 받을 수 있다.

여기서는 다섯 가지 상황을 제시하고 그에 맞게 대처하는 방법을 알아보겠다.

상황별 대처법

(롤플레잉 질문)

01 승객이 불만을 제기한 상황에서의 대응

승무원이나 승객의 과실 및 다른 어떤 상황에서든 승객이 불만을 제기한 상황에서 승무원은 다음과 같이 대응해야 한다.

첫째, 불만 승객의 이야기를 경청한다.

모든 승객은 자신이 부당한 대우를 받았다고 여길 때 불만을 제기하게 된다. 때문에 승무원은 승객의 마음이 상하게 된 연유를 들어주어야 한다. 승객이 말하는 동안 절대 반문하거나 대답하지 않는 게 중요하다. "그러셨어요, 네, 그렇군요." 정도로 긍정적인 리액션을 보이며 승객의 말을 끝까지 듣는다.

둘째, 승객이 불만을 느낀 부분에 대해 정중히 사과한다.

승무원 자신의 과실 여부와는 관계없이 불만을 제기한 승객에 대한 사과가 이루어져야 한다. "…을 …가 …하여 죄송합니다"와 같은 구체적인 사과보다는 "승객님께 불편을 드린 점 죄송합니다."라는 표현이 적절하다.

셋째, 승객의 불만 사항을 정리해 제대로 이해했음을 알리고 문제를 해결해 드리겠다는 자세를 보인다.

혼자 해결이 가능한 일이라면 바로 문제를 해결한 뒤 상급자에게 보고할 수도 있겠으나, 상급자에게 먼저 상황을 보고하고 해결 방안을 모색하는 것이 좋다. 단, 승객에게 "꼭 해결해 드리겠습니다. 제가 책임지겠습니다."라는 식의 약속을 하는 것은 좋지 않다.

넷째, 승객의 불만 사항과 그 처리 결과를 동료 승무원들과 공유한다.

1. 승객에게 뜨거운 커피나 주스를 쏟았다면, 어떻게 하겠습니까?

2. 승객이 기내의 온도가 높다(낮다)고 불평한다면, 어떻게 하겠습니까?

3. 승객이 기내 좌석이 너무 불편하다고 불평한다면, 어떻게 하겠습니까?

4. 기내에 발 냄새가 난다고 승객이 불평하면 어떻게 하겠습니까?

5. 승객이 뚜렷한 이유 없이 화를 낸다면, 어떻게 하겠습니까?

6. 승객이 기내방송을 놓쳤다고 화를 내면, 어떻게 하겠습니까?

7. 승객이 기내방송의 발음이나 목소리 등이 이상하다고 계속 지적한다면, 어떻게 하겠습니까?

8. 앞좌석이 너무 뒤로 젖혀져 있다고 불평하는 승객이 있다면, 어떻게 하겠습니까?

9. 승객이 기내식이 입맛에 맞지 않는다고 불평한다면, 어떻게 하겠습니까?

10. 승객이 기내식에서 이물질을 발견하고 화를 낸다면, 어떻게 하겠습니까?

11. 출발이 지연되어 승객들이 화를 낸다면, 어떻게 하겠습니까?

12. 승객이 타 항공사 서비스와 비교하며, ○○항공에는 왜 그런 서비스가 없냐고 불평한다면, 어떻게 하겠습니까?

기내 서비스와 관련해 승객의 다양한 요구 사항이 있을 수 있다. 특히 롤플레잉 주제로 삼는 것들은 대부분 불가능한 요구들인데, 상위 클래스로의 좌석 이동, 상위 클래스 식사 요구, 기내 물품 반출 등이 되겠다. 이런 요구는 기본적으로 들어줄 수 없는 것으로, 이때는 승객의 마음이 상하지 않게 응대하는 게 관건이다. 이러한 요구를 받는 경우, 기내 서비스 규정을 준수해 질문에 답하도록 한다. 답변에는 반드시 다음의 행동이 포함돼 있어야 한다.

첫째, 승객의 요구 사항을 잘 듣는다.
대부분의 승객은 원하는 것을 말하기 전 그런 요구에 대한 합당한 이유를 부여하기 위해 여러 가지 불만을 제기하게 된다. 승무원은 바쁜 서비스 상황에서도 승객의 요구 사항을 끝까지 들어주는 마음의 여유를 가져야 한다. 때로는 승객의 말을 들어주는 것으로도 요구나 불만 사항이 해결되기도 한다.

둘째, 승객의 요구를 충분히 이해했음을 알린 후 상급자에게 확인 후 알려 드리겠다고 한다.
무리한 요구는 혼자 해결하기 어려운 부분이 많으므로 선임자에게 물어보고 행동하는 것이 실수하지 않는 최선의 방법이다.

셋째, 들어줄 수 있는 요구라면 해결해 드리고 그렇지 못한 것인 경우 반드시 대안을 제시해야 한다.
예를 들어 단거리 비행 시 탑재되지 않는 슬리퍼를 요구하는 승객에게는 발밑에 깔 수 있는 신문지나 여분의 담요를 제공해 신발을 벗을 수 있도록 해 드린다. 승객이 100퍼센트 만족하는 해결책은 못 되겠지만, 주어진 상황에서 최선을 다하는 모습을 보여 주는 것이 중요하다.

넷째, 승객의 요구와 그 처리 결과를 동료 승무원들과 공유한다.

■ **기출문제**

1. 이코노미클래스 승객이 일등석 식사를 요구하면, 어떻게 하겠습니까?

2. 장애가 있는 이코노미클래스 승객이 일등석 좌석을 요구하면, 어떻게 하겠습니까?

3. 비즈니스클래스에 연예인이 탑승했습니다. 이코노미클래스 승객들이 비즈니스클래스로 가서 연예인을 보겠다고 하면 어떻게 하겠습니까?

4. A380 기내에서 이코노미클래스 승객이 비즈니스클래스 바를 이용한다면, 어떻게 하겠습니까?

5. 면세품을 짧은 비행시간 내 판매해야 하는데 기내가 매우 혼잡합니다. 어떻게 하겠습니까?

6. 승객이 찾는 면세품이 없다면 어떻게 하겠습니까?

7. 기내에 울음을 그치지 않는 아기가 있다면, 어떻게 하겠습니까?

8. 외국인 승객이 기내에 침을 뱉고 영어도 못한다면, 어떻게 하겠습니까?

9. 채식주의자가 탑승했을 때 채식주의자를 위한 식사가 없다면, 어떻게 하겠습니까?

10. 기내식 서비스 중 비빔밥이 다 떨어진 상황에서 승객이 비빔밥을 요구한다면 어떻게 하겠습니까?

11. 13시간의 비행에서 음식을 전혀 먹지 못하는 승객이 있다면, 어떻게 하겠습니까?

12. 승객이 기내 물품을 가져가길 원하면, 어떻게 하겠습니까?

13. 취한 승객이 계속해 술을 요구한다면, 어떻게 하겠습니까?

14. 일행이 서로 떨어져 앉게 돼 나란히 앉을 수 있는 좌석으로 옮겨 달라고 요구한다면, 어떻게 하겠습니까?

15. 서비스 도중 어린이 승객이 당신의 스카프를 잡고 놔 주지 않는다면, 어떻게 하겠습니까?

16. 어린이 승객에게 주는 기념품을 아이를 동반하지 않은 어른 승객이 달라고 하면, 어떻게 하겠습니까?

03 기내 안전과 보안을 위협하는 상황에서의 대응

기내 화재, 환자 발생과 같은 긴급 상황 시에는 즉각적인 보고와 안전 규정에 따라 행동해야 한다. 기내 안전 및 보안과 관련된 상황에는 타협이 있을 수 없다. 기내 안전을 위협하는 승객의 행동이 포착되면 즉각적으로 경고를 주고, 선임자에게 보고하여 처리하게 한다. 단, 자신의 잘못과는 상관없이 승무원이 창피를 주었다고 생각하는 승객은 과민반응을 보일 수 있다. 규정 위반 승객에게서 다른 불만을 사지 않으려면 승객에게 주의를 줄 때 아이를 혼내듯 대해서는 안 되며, 정확한 항공 안전 및 보안에 관한 법률 규정을 고지하고 행동의 자제를 요구해야 한다. 특히 개인적 판단에 근거해 승객에게 약을 제공하거나, 민간요법을 사용하는 것은 엄청난 위험을 불러올 수 있으므로, 늘 선임자에게 보고하고 행동하도록 한다.

■기출문제

1. 화장실에서 담배를 피우는 승객이 있다면, 어떻게 하겠습니까?

2. 기내에 불이 나면 어떻게 대처하겠습니까?

3. 기내에 구토를 하는 아기가 있고, 상태가 심각해 보입니다. 어떻게 하겠습니까?

4. 체한 것 같다며 승무원에게 바늘로 따 달라는 승객이 있다면, 어떻게 하겠습니까?

5. 승객이 비행 중 휴대전화를 사용한다면, 어떻게 하겠습니까?

6. 터뷸런스로 기내가 흔들리는 상황에서 화장실에 가려는 승객이 있습니다. 어떻게 하겠습니까?

7. 이륙 중이라 안전벨트를 매고 착석해야 하는 상황에서 콜버튼을 누르는 승객이 있다면, 어떻게 하겠습니까?

8. 안전벨트 착용 램프가 점등된 상황에서 면세품을 사겠다는 승객에게 당신은 물품을 판매하겠습니까?

9. 비행 중 임신한 승객에게 출산 징후가 보이면, 어떻게 하겠습니까?

04 승객과 승무원 사이에 발생 가능한 난처한 상황에서의 대응

기내에서 승무원에게 난처한 질문을 하는 승객 대부분은 관심을 받고 싶은 남자 승객들이다. 직접적으로 연락처를 주거나 데이트를 신청하기도 하고, 괜한 질문들로 기분을 상하게 하는 경우도 많다. 신체 접촉을 시도하는 경우에는 단호하게 거절의 의사를 밝히는 것이 좋다. 어떠한 상황에서도 당황하지 않는 것이 중요하며 승객의 입장을 고려하여 불쾌감을 주지 않는 응대법을 사용해 답변한다.

■ 기출문제

1. 승객이 당신의 엉덩이를 만지려 한다면, 어떻게 하겠습니까?

2. 승객이 데이트를 신청하면 어떻게 하겠습니까?

3. 승무원이 왜 이렇게 못생겼냐고 항의하는 남자 승객에게 어떻게 대처하겠습니까?

4. 승무원이 자기 팔을 자꾸 친다고 착각하여 승무원에게 화를 내는 승객이 있다면, 어떻게 하겠습니까?

5. 승객이 이륙 시 무섭다고 안아달라고 한다면 어떻게 대처하겠습니까?

6. 승객이 승무원은 고액 연봉을 받는다는데 당신의 연봉은 얼마냐고 묻는다면, 어떻게 하겠습니까?

05 동료, 선후배 사이에서 발생 가능한 문제에 대처하기

사회생활을 시작하면서 가장 어려운 부분 중 하나는 직장 선후배 간 관계다. 특히 팀워크가 강조되는 승무원 업무에 있어 함께 일하는 사람들과의 협조는 반드시 필요하다. 가장 중요한 것은 상대의 입장에서 생각해 보는 자세다. 상대방을 있는 그대로 받아들이고, 내가 조금 더 양보하려고 노력할 때 갈등은 최소화될 수 있다. 승무원이 갖춰야 할 자질 가운데 친화력과 사교성은 승객을 대할 때만 필요한 것이 아니다. 동료, 선후배 사이에서 발생하는 문제들에도 이런 점들을 고려해 대답한다.

■ 기출문제

1. 동료가 스트레스를 받는 상황이라면 어떻게 돕겠습니까?

2. 동료 한 사람이 몹시 게으르다면 어떻게 하겠습니까?

3. 업무 도중 당신과 선배 사이에 긴장감이 흐른다면, 어떻게 해결하겠습니까?

4. 선배가 계속해서 당신을 힘들게 한다면 어떻게 하겠습니까?

5. 비행 도중 아파 보이는 동료가 있다면 어떻게 하겠습니까?

6. 계속해서 무례하게 구는 후배가 있습니다. 어떻게 하겠습니까?

7. 동료의 일하는 방식이 마음에 들지 않는다면, 이를 동료에게 말하겠습니까?

8. 두 명의 선배로부터 상반되는 지시를 받는다면 어떻게 하겠습니까?

IV

신체·체력 검사는 승무원으로 근무하면서도 주기적으로 받게 된다. 평소 운동하는 습관을 갖는 것이 무엇보다 중요하다.

신체 · 체력 · 인성 검사

01 신체 검사

신체 검사는 항공 업무와 해외여행 결격 사유가 없는 지원자의 건강한 신체를 확인하는 과정이다. (항공 업무에 지장을 초래하는 경우가 아니면 당락에 영향을 미치지 않으니 지나치게 걱정할 필요는 없다.)

측정 항목	측정 방법	측정치 기준 or 목적	기타
문진표 작성	주어진 질문지에 자신의 체력 사항 체크	가족병력 및 흡연과 음주 습관 등 평소 생활습관 체크	신체 검사 전날 밤 10시부터는 공복 상태 유지
혈액 검사	일반적인 혈액 검사와 동일	간기능 이상, 갑상선 이상, 전염성 질병 유무 검사	
시력	나안시력/교정시력 두 항목 측정	교정시력 1.0 이상이여야 합격	
색약/색맹	색깔점으로 이루어진 그림 속에서 숫자를 읽어 냄	색 구분 가능 여부 측정	
소변 검사	컵에 정해진 양만큼 중간뇨를 받아 제출	신장 기능, 당뇨 등 보유 질환 확인	급격한 다이어트 후나 피곤한 경우 신장 기능 이상으로 나올 수 있으니 신체 검사 전에는 잘 먹고 잘 쉬면서 무리하지 않는다.
X-레이 촬영	상의 탈의 후 가운 차림으로 가슴 부분 촬영		아시아나항공의 경우 옆으로 누워 허리 쪽을 촬영하는데 척추측만 검사이다.
청력	개별 부스에 들어가 헤드셋을 착용하고 소리가 들릴 때 버튼을 누름		소리가 작아지고 커지기를 반복하므로 잘 듣고 들릴 때만 짧게 버튼을 누른다.
고막(압력 검사)	양쪽 귀에 기계를 장착 후 압력을 넣어 측정	귀가 압력에 적응하는 능력 확인	
CYBEX (무릎근력/질환 측정)	누워서 무릎을 편 상태로 들어 올려 측정		최대한 많이 올리는 것이 좋다.
내과/치과 검진	의사와 직접 상담을 통해 검사	청진, 귀/갑상선 등을 의사가 직접 검사 후 소견서 작성함	치과 검진의 경우 입을 벌리고 육안으로 검사한다.

승무원이 갖춰야 할 기본적인 체력 상태를 확인하는 단계. 체력 검사는 승무원 근무 중에도 매년 실시되며, 각 항목 점수로 자신의 신체나이를 확인할 수 있다.
꾸준한 운동으로 건강한 신체를 유지하는 것이 가장 중요하다.

KE : 대한항공, OZ : 아시아나항공

측정 항목	측정 방법	합격 점수	기 타
키/몸무게 및 체지방 측정	키와 몸무게는 동시 측정 체지방 측정기계 사용	승무원 합격 기준 키는 162cm 이상이다. (또는 암리치 220cm)	항공사에 따라 키와 몸무게는 신체 검사 시 측정하기도 한다.
사이클	일정한 속도(50rpm)를 유지하며 심장박동수가 140이 될 때까지 시간 측정		규칙적으로 심호흡하며 자전거를 타면 더 좋은 결과를 얻을 수 있다.
악력	왼손/오른손으로 기구를 꽉 쥐어 측정	30점 만점	악력이 강하면 등 부분 힘도 강해진다고 한다. 승무원에게 있어 중요한 체력 사항이다.
눈감고 외발서기	양팔은 허리에 한쪽 다리는 90도로 접어 뒤로 올리고 눈을 감은 상태로 측정	120초 이상 만점	KE만 해당 평소 꾸준히 연습하는 것이 중요하다. 특히 잘 되는 다리가 있으니 연습을 통해 찾아내면 좋다.
유연성	KE : 다리를 펴고 앉아 손을 기도 자세로 모으고 앞으로 숙여 측정 OZ : 나무로 된 기계 위에 올라가 두 팔을 아래로 내리며 측정	많이 나올수록 좋다.	다리를 쭉 편 상태로 진행해야 하며, 측정판을 최대한 멀리 밀도록 한다. 손톱이 길면 조금 도움이 될 수 있다.
민첩성	'삐' 소리에 반응해 버튼을 누르는 방식으로 측정		KE만 해당
윗몸일으키기	KE : 등쪽/앞쪽 센서가 있는 윗몸일으키기 기구로 측정(평지에서) OZ : 등이 완전히 바닥에 닿았다 올라오는 정도 측정(30도 경사면에서)	30초에 18개 이상 만점	KE : 손을 가슴 부분에 모으고 센서를 정확히 넘어가야 인정 OZ : 손은 목 뒤로 하고 바닥에 완전히 닿았다 일어나야 인정
높이뛰기	무릎을 펴고 공중으로 점프해 체공시간 측정	오래 떠 있는 것이 좋다. 높이 뛸수록 유리	KE만 해당
배 근력	철사 같은 줄 손잡이를 잡고 쭉 잡아당겨 그 힘을 디지털점수화		OZ만 해당
수영	배영 제외 영법(자유형, 접영, 평영)으로 25미터를 완주해야 함	35초 이내 완주	OZ는 자유형만으로 완주

03 인성 검사

객실승무원 인성 검사에는 정답이 없으며, 지원자의 인성을 파악하기 위한 단계이므로 솔직한 답이 최선이다. 시간이 모자라 다 풀지 못한 경우 남은 문제는 그냥 두면 된다. 시간이 부족하다고 문제도 제대로 읽지 않고 대충 답을 적으면 오히려 검사 결과에 나쁜 영향을 주게 되므로 주의한다.

문제를 풀 때 주의할 점은 반복되는 유사한 내용의 질문에 일관된 답변을 하는 것이다. 앞선 문제를 하나하나 기억하면서 일관된 답을 하는 것은 힘들 수 있겠지만, 가능한 한 동일한 답을 적도록 한다.

MEMO

핵심노트 3

면접을 마치고

면접을 마친 뒤에는 반드시 자신의 면접을 돌아보는 시간을 가져야 한다. 스스로 면접을 객관적으로 평가하면서 자신의 장점과 단점을 정확히 파악하고, 모자란 부분을 채워 나가려는 노력이 필요한 단계라 하겠다.

면접 후기

01 면접 후기

- **항공사 :**
- **면접일자 :**

평가 항목		5	4	3	2	1
용모 / 복장	화장은 자연스럽고 건강미를 부각시켰다					
	머리는 청결하고 단정했다					
	블라우스, 치마는 신체 결점을 가려 주고, 잘 어울렸다					
	구두는 잘 닦여 있고, 구두굽 높이는 적당했다					
	화장, 머리, 복장이 전체적으로 잘 어울렸다					
미소 / 자세	면접 내내 미소를 자연스럽게 잘 지었다					
	걸을 때 어깨와 등을 펴고 시선은 정면을 향하며, 양팔을 옆에 붙이며 자연스러웠다					
	인사는 성급하지 않게, 환하게 웃으며 했다					
	면접관 모두와 고르게 시선을 마주쳤다					
	공수자세로 다리는 11자로 잘 붙이고 서 있었다					
답변	목소리톤, 크기, 속도가 전체적으로 알맞았다					
	표준어와 면접에 적합한 어휘를 사용했다					
	정확한 질문 이해와 그에 맞는 명료한 답변을 했다					
	말끝을 흐리지 않고 끝까지 또박또박 말했다					
	답변 시 표정 관리에 신경 썼다					
준비성	면접 1시간 전에 도착했다					
	면접 당일 아침 해당 항공사 홈페이지 및 최신 뉴스를 확인하고 나만의 생각을 정리했다					
	최근 이슈인 시사문제에 관심을 갖고 나만의 의견을 정리했다					
	평소 바른 독서와 정리를 통해 조리 있게 말하는 연습을 했다					
	영어 실력을 꾸준히 향상시키고 있다					
총 점						

점수 기준 : 아주 잘함 - 5, 잘함 - 4, 보통 - 3, 못함 - 2, 아주 못함 - 1

면접관 질문

나의 답변

면접관 질문

나의 답변

면접관 질문

나의 답변

다른 지원자들의 괜찮았던 답변

면접에서 만족한 점

면접에서 불만족한 점

다음에 보완해야 할 점

■ 항공사 :

■ 면접일자 :

	평가 항목	5	4	3	2	1
용모/복장	화장은 자연스럽고 건강미를 부각시켰다					
	머리는 청결하고 단정했다					
	블라우스, 치마는 신체 결점을 가려 주고, 잘 어울렸다					
	구두는 잘 닦여 있고, 구두굽 높이는 적당했다					
	화장, 머리, 복장이 전체적으로 잘 어울렸다					
미소/자세	면접 내내 미소를 자연스럽게 잘 지었다					
	걸을 때 어깨와 등을 펴고 시선은 정면을 향하며, 양팔을 옆에 붙이며 자연스러웠다					
	인사는 성급하지 않게, 환하게 웃으며 했다					
	면접관 모두와 고르게 시선을 마주쳤다					
	공수자세로 다리는 11자로 잘 붙이고 서 있었다					
답변	목소리톤, 크기, 속도가 전체적으로 알맞았다					
	표준어와 면접에 적합한 어휘를 사용했다					
	정확한 질문 이해와 그에 맞는 명료한 답변을 했다					
	말끝을 흐리지 않고 끝까지 또박또박 말했다					
	답변 시 표정 관리에 신경 썼다					
준비성	면접 1시간 전에 도착했다					
	면접 당일 아침 해당 항공사 홈페이지 및 최신 뉴스를 확인하고 나만의 생각을 정리했다					
	최근 이슈인 시사문제에 관심을 갖고 나만의 의견을 정리했다					
	평소 바른 독서와 정리를 통해 조리 있게 말하는 연습을 했다					
	영어 실력을 꾸준히 향상시키고 있다					
총 점						

점수 기준 : 아주 잘함 - 5, 잘함 - 4, 보통 - 3, 못함 - 2, 아주 못함 - 1

면접관 질문

나의 답변

면접관 질문

나의 답변

면접관 질문

나의 답변

다른 지원자들의 괜찮았던 답변

면접에서 만족한 점

면접에서 불만족한 점

다음에 보완해야 할 점

■ 항공사 :

■ 면접일자 :

	평가 항목	5	4	3	2	1
용모 / 복장	화장은 자연스럽고 건강미를 부각시켰다					
	머리는 청결하고 단정했다					
	블라우스, 치마는 신체 결점을 가려 주고, 잘 어울렸다					
	구두는 잘 닦여 있고, 구두굽 높이는 적당했다					
	화장, 머리, 복장이 전체적으로 잘 어울렸다					
미소 / 자세	면접 내내 미소를 자연스럽게 잘 지었다					
	걸을 때 어깨와 등을 펴고 시선은 정면을 향하며, 양팔을 옆에 붙이며 자연스러웠다					
	인사는 성급하지 않게, 환하게 웃으며 했다					
	면접관 모두와 고르게 시선을 마주쳤다					
	공수자세로 다리는 11자로 잘 붙이고 서 있었다					
답변	목소리톤, 크기, 속도가 전체적으로 알맞았다					
	표준어와 면접에 적합한 어휘를 사용했다					
	정확한 질문 이해와 그에 맞는 명료한 답변을 했다					
	말끝을 흐리지 않고 끝까지 또박또박 말했다					
	답변 시 표정 관리에 신경 썼다					
준비성	면접 1시간 전에 도착했다					
	면접 당일 아침 해당 항공사 홈페이지 및 최신 뉴스를 확인하고 나만의 생각을 정리했다					
	최근 이슈인 시사문제에 관심을 갖고 나만의 의견을 정리했다					
	평소 바른 독서와 정리를 통해 조리 있게 말하는 연습을 했다					
	영어 실력을 꾸준히 향상시키고 있다					
총 점						

점수 기준 : 아주 잘함 – 5, 잘함 – 4, 보통 – 3, 못함 – 2, 아주 못함 – 1

면접관 질문

나의 답변

면접관 질문

나의 답변

면접관 질문

나의 답변

다른 지원자들의 괜찮았던 답변

면접에서 만족한 점

면접에서 불만족한 점

다음에 보완해야 할 점

02 면접 그래프 만들기

면접 후기 평가표를 근거로 면접 점수를 계산해 그래프를 만든다. 용모/복장, 미소/자세, 답변, 준비성 항목별 25점 만점이며, 항목과 점수에 맞춰 그래프를 작성한다. 면접을 치를 때마다 그래프를 만들고, 그래프 색을 달리해 쉽게 구분할 수 있게 한다. 그래프 옆에 면접일자를 기재하면 좋다. 굳이 그래프를 만드는 이유는 면접에서 어느 항목이 부족하고 어느 항목이 향상되고 있는지 한눈에 볼 수 있어 스스로를 객관적으로 파악하기가 수월해지기 때문이다.

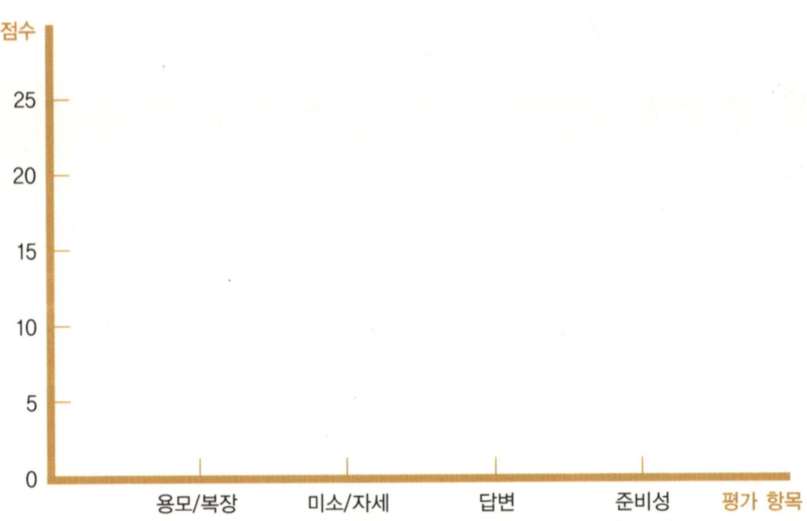

 새로운 시작, 그리고…

노력이 보답을 받아 꿈에 그리던 항공사 승무원이 된 당신. 2박3일의 합숙 교육을 시작으로 '희망 찬' 회사 생활을 시작한다. 학창시절 MT와는 다른 분위기 속에서, 당신은 '내가 정말 이 회사의 직원이구나!' 라는 새로운 인식을 하게 된다.

그리고 이어지는 교육, 교육들…….
탑승 승객의 '안전을 책임지는 승무원'이 되는 과정으로서의 안전 교육, 탈출을 위한 샤우팅 훈련에, 기내 안전/보안 장비를 익히고, 비상사태에 대비하는 법을 숙지하고, 응급의료 기술까지 습득하는 등, 거짓말 좀 보태 숨 돌릴 틈 없이 새로운 것을 배우고 또 배운다. 몇몇은 실제 상황이 아닐 때만큼은 '신기하다'고까지 할 수 있을 터. 심폐소생술, 소화기 분사에 전기 총 쏘기를 홀패키지(?)로 해 볼 수 있는 곳은 많지 않다. 몸을 움직이는 일련의 훈련은 당신을 피곤하게 만들겠지만, 승무원으로 성장해 가는 '과정'이 주는 즐거움만큼은 이때가 아니면 느낄 수 없는 것이기도 하다.

다음으로 서비스 교육. 실제와 꼭 같은 모형 비행기 안에서 가짜가 주는 진짜 비행 기분에 취하는 것도 잠시, 기내서비스 업무와 서비스 프로시저를 암기하고, 서비스 자세를 익히는 일은 기분 따윈 끼어들 틈이 없는 '진짜 일'이 된다. 면접을 준비하며 얼마나 많은 시간을 웃는 데 ― 정확하게는 웃는 '연습'에 ― 투자했던가! 하지만 일을 하면서 그때 거울로 확인한 미소를, 그것도 옷을 입듯 걸치고 있기란 결코 만만하지 않음을, 당신은 곧 몸으로 알게 된다. 아침저녁으로 치러지는 테스트 때문에 밀려오는 잠을 물리쳐 가며 공부해야 하는 나날들. 허나 모든 훈련은 무릇 언젠가는 끝이 나는 법, 당신은 마침내 유니폼에 장착(!)할 '윙'을 획득하기에 이른다.

'합격'이란 글자를 보았을 때만큼의, 아니 어쩌면 그보다 더한 기쁨이 찾아온다. 이제 진짜 승무원이 되었다는 감격이랄까. 몇 주간의 교육을 마친 뒤의 첫 비행. 동료 승무원들과 회사 건물에서 공항까지 버스로 이동해 유니폼 차림으로 공항 입구를 통과해 걷는 순간을 당신은 마치 영화 속 한 장면처럼 느낀다. 모두가 나를 보고 있다는 기분 좋은 착각 속에 허리를 세우고 어깨를 편다.

그러나 역시 첫 비행은 현실이었다. 선배들이 농담처럼 주고받던 각종 일화 속 주인공인 양 당신은 항공기 앞뒤를 혼동하고, 가장 많이 움직이는데 하는 일은 거의 없는 능률제로 승무원이 되는 영광(?)을 안는다. 그래, 난 서툴다. 그래도 난 이 일이 좋다. 내가 내민 손을 잡으며 해맑게 웃는 아이를 볼 때, 거동이 불편한 어르신을 도와 짐을 들어 드리는 내게 흐뭇한 미소를 지어 주는 사람들이 있어 행복하다. 하지만 '사람이 싫어지는' 순간이 찾아오는 건 시간문제다. 당신의 인내를 시험하는 사건들이 머잖아 속속 출현할 터다. 승무원이란 직업이 무결점일 순 없잖은가. 그래도 현재로서는 장점이 단점을 상회하는 바람직한 상황. 스케줄을 받아 든 당신은 새로운 도시로의 비행에 가슴이 설렌다.

어쩌면 당신에게 두 번째 고비가 찾아들 수도 있다. 슬럼프를 무사히 넘기나 싶더니 이제는 꿈도 설렘도 없이 스케줄에 쫓겨 비행하는 자신을 발견하는 것이다. 승무원을 꿈꾸던 시절에는 무임금으로라도 있고 싶은 곳이었건만 이제 그렇지 않다. 미래를 선택해야 할 기로에 놓일 때, 당신은 이 책을 다시 꺼내 들어도 좋다. 승무원이 되려던 시절의 열정이 담긴 이 책을, 당신 안의 열정이 이 책으로 인해 다시 깨어날 수 있을 테니까.